A peu
per la Llitera

Josep M. Espinàs

A peu per la Llitera

Viatge a la frontera de la llengua

EDICIONS
La campana

EDICIONS LA CAMPANA

Sèrie Documents/Societat

1. *Aprendre a conviure.* J.M. Espinàs. 5a. edició.
13. *Amor y sangre en La Oficina.* José Martí Gómez.
14. *El petó.* X. Fauche/Ch. Noetzlin.
15. *El pit al descobert.* Dominique Gros.
16. *Àlbum de cromos.* Joan Barril.
21. *505 fets bàsics de Catalunya.* J.M. Cadena. 3a. edició.
22. *A peu per la Terra Alta.* J.M. Espinàs. 5a. edició.
23. *Temps que passa, gent que queda.* Néstor Luján.
29. *Famosos i oblidats.* Jaume Pla.

Llista completa a les últimes pàgines.

1a. edició: gener 1990
7a. edició: abril 1990

Edicions La campana. Balmes, 61, 3r. 3a.
08007 Barcelona. Tels. 253 16 65/451 27 68

ISBN: 84-86491-38-X
Dipòsit legal: **B. 17.356 - 1990**
Fotocomposició: Serveis Gràfics, S.C.P. (Cerdanyola)
Imprès a Romanyà/Valls. Capellades (Barcelona)

Al desconegut que, un vespre fosc
a Calassanç, quan la tempesta va abatre's
sobre la vall va recordar que uns caminants
havien marxat cap a Peralta.
I va desafiar l'aiguat i els llamps
per intentar ajudar-nos.

A Carlos Benedicto, d'onze anys,
que quan va veure, a Baells,
que la pluja ens havia desfet el mapa
de la Llitera que dúiem,
ens en va dibuixar un de nou,
copiant-lo de la llibreta de l'escola.

Que vol dir: a la generositat de tanta gent.

Baixa Ribagorça
CALASSANÇ
ALINS
GAVASA
PERALTA
SANUÍ
SEGANTA
BAELLS
CAMPORRELLS
La Noguera
SANT ESTEVE
EL CAMPELL
VALLDELLOU
CASTELLONROI
TAMARIT
ALBELDA
BINÈFAR
EL GAIÓ
ALFARRÀS
EL TORRICÓ
El Segrià
ALMACELLES

PRÒLEG

Seré franc: no gosaria posar aquest llibre a les mans de cap lector sense incloure-hi un pròleg. La Llitera és probablement la comarca més complexa de les que he corregut a peu. La Llitera és, avui, un territori que no queda identificat amb una sola etiqueta, en cap dels camps: la configuració geogràfica és de contrastos, la història polítíco-administrativa és controvertida, la realitat lingüística no admet un diagnòstic simplificador.

Jo no he anat a la Llitera a fer un estudi de cap d'aquestes complexitats. Jo hi he anat a viure-hi uns quants dies, a viure-hi el que espontàniament m'oferís el camí, el paisatge i la gent. He apuntat en un petit bloc les senzilles anotacions de viatge i, fidel a aquestes notes, he escrit un llibre. Un llibre narratiu. La crònica d'una experiència personal.

Sé, per llibres anteriors d'aquesta mena, que hi ha lectors que no s'hi conformen. Potser perquè visito comarques de les quals es parla poc, voldrien que jo ho compensés de cop recollint en un llibre tots els aspectes del territori —històrics, socials, culturals, econòmics, ecològics— i afegint-hi, a més, les meves interpretacions. Ja es comprèn que aquesta mena de tractat o enciclopèdia seria una obra importantíssima que demana uns autors sàviament especialitzats. Pels camins de la Llitera no hi anava, l'agost passat, gent tan preparada. Hi ha passat, només, un home que coneixia les seves limi-

tacions, que afortunadament per a ell coincidien amb els seus gustos i amb la seva vocació: explicar el que veia.

Per això aquestes ratlles eren indispensables. Per advertir al lector que no trobarà aquí un capítol dedicat a evocar les incidències històriques, d'ençà que aquestes terres van ser repoblades en el segle XII per gent de Barcelona, l'Urgell, el Pallars i la Ribagorça, fins a l'actual adscripció a la província d'Osca. No falten llibres d'historiadors, en aquest país.

Tampoc s'hi trobarà un capítol que analitzi l'origen, l'evolució i la situació actual de la llengua —o les llengües— que es parlen a la Llitera. És cert que impressiona veure com, després de segles de separació de Catalunya, i de la constant castellanització imposada per mestres i notaris, metges i capellans, polítics i funcionaris, el poble ha mantingut viva la seva llengua. Els experts podran dictaminar amb la màxima precisió en quins punts de la comarca es parla un català vinculat a la parla de la Ribagorça, en quina zona el català és més àmpliament occidental, on hi ha aragonesismes, com es defineix la variant lliterana, etc. L'únic que sé és que la gent de la Llitera està adquirint consciència d'una identitat, encara que interessos contraris vulguin descapitalitzar la comarca, i que la llengua hi compta. Hi ha actituds polèmiques, és clar, i quan la ignorància filològica es barreja amb les passions polítiques les afirmacions són grotesques. Mai s'agrairà prou al periodista Manuel Campo Vidal que en el pròleg per al llibre La Litera, nuestra tierra *(1985), escrivís això: «En este prólogo se ha empleado la expresión* La Llitera *para dar su nombre a esta comarca porque así la llamamos en Camporrells, población como es sabido de La Llitera, perteneciente además a la provincia de Huesca y en la que se habla un idio-*

ma que cualquier japonés medianamente culto, de vacaciones en su balneario, distinguiría inmediatamente como catalán en su versión dialectal occidental. Discutir esta realidad no tiene el más mínimo interés científico, porque es así de sencillo y claro».

També és claríssim, doncs, que les referències a la llengua que apareguin en aquesta narració d'un viatge seran notes d'una crònica, no materials d'un assaig. Com tampoc la geografia, l'agricultura, el folklore o l'evolució econòmico-social són objecte d'anàlisi sistematitzada en capítols. I penso que és el moment de citar dos llibres: La Litera, nuestra tierra *i* La Litera, villas y lugares. *M'han arribat per un camí curiós: me'ls ha deixat Sebastià Alquézar, que té el restaurant Ca la Tresa, a Sarrià. Hi vaig de tant en tant, al seu restaurant, i parlem de coses. Un dia se'm devia escapar que pensava anar a caminar per la Llitera —ignorant que ell va néixer una mica més enllà— i el diumenge que hi torno em té a punt aquests dos volums. Se'ls havia fet enviar pels autors, J. A. Adell i M. J. Montori. Són dos llibres plens de notícies, fets amb paciència i devoció lliterana, i que, salvant algunes opinions etimològiques, són textos útils i testimonien les inquietuds de la comarca. Jo n'he recollit alguns versos populars i altres curiositats.*

Un altre motiu per redactar aquestes ratlles prèvies és precisar l'àmbit del viatge. Hi ha una Llitera en sentit ampli, entesa com a regió natural, que pot incloure alguns sectors del Segre, del Baix Cinca i d'altres territoris que es consideren de transició entre la Noguera, el Pla d'Urgell i les Garrigues, a llevant, i el Somontano i els Monegres, a ponent. Hi ha una altra Llitera, més reduïda, i finalment la comarca, en el sentit que aquesta paraula té a Catalunya.

A l'Aragó inclouen en la Llitera el municipi d'Esto-

panyà, al nord, que la Geografia Comarcal de Catalunya atribueix a la Baixa Ribagorça, i dos municipis del sud-oest, Binèfar i Esplús, que avui no són nuclis de parla catalana. La població d'aquest territori, l'any 1988, era de 20.478 habitants. Si prescindim dels dos municipis de la banda de ponent, castellanitzats, la població de la Llitera catalano-parlant es redueix a uns onze mil habitants. Perquè Binèfar en té vuit mil, i va creixent, mentre que la resta de viles i pobles es van despoblant. Fins i tot Tamarit, que està a punt de baixar dels quatre mil habitants. Hi ha casos dramàtics, com Sanui i Baells, que en trenta anys han perdut la meitat de la seva gent, o Peralta, que l'any 1970 tenia 1.090 habitants i ara, divuit anys després, ja només en té 430.

Em sembla que aquest resum pot situar una mica el lector sobre quina mena de territori és l'escenari d'aquest llibre.

He fet el viatge per la Llitera de parla catalana, i es pot dir que n'he conegut tots els pobles. Ha estat una caminada inoblidable, per la Baixa Llitera i per l'Alta Llitera, tan diferents, amb sol i amb tempestes, amb totes les sorpreses d'un viatge a peu. I la reconfortant sorpresa de la gent, sobretot. Ha estat molt fàcil no sentir-se foraster, a la Llitera. Ni en els moments més ingrats. I és que el diàleg espontani amb la mateixa llengua és un perfecte estímul per a la comprensió quan, precisament, cada u amaneix la llengua amb l'oli del seu propi accent.

A la Llitera he trobat molts ponts de simpatia a punt, moltes taules anònimes parades amb afectuosa complicitat. Les dues persones a qui dedico aquest llibre representen tota la gent, tan diversa, que tenien en comú la bona voluntat.

J. M. E.

1
ARRIBADA A TAMARIT

Primers contactes

Hem deixat l'autopista per la sortida de Lleida i hem seguit amunt, fins a Alfarràs. A Alfarràs girem a ponent i a uns dos quilòmetres ja som a la província d'Osca. A la comarca de la Llitera.

Se'ns presenta de seguida, a la dreta, una alineació muntanyosa que impressiona de tan pelada, color de gris de cendra i que recorda aquelles muntanyes de guix que es fan als pessebres. Sospito que és de la mateixa família, perquè li diuen serra de la Gessa, que és una paraula germana de guixa. Miro de reüll aquestes ondulacions desèrtiques i penso que un dia d'aquests hauré de passar a l'altra banda, que és on hi ha l'Alta Llitera.

Tamarit és al peu, precisament, d'aquesta serra, que més que serra és un graó. Jo avanço ara, doncs, pel replà de baix, per la Baixa Llitera, la que té aigua per regar i aquestes plantacions de pereres que s'allarguen vora el camí.

Arribo a Tamarit a tres quarts de tres de la tarda del trenta-u de juliol. Tamarit està encaixat entre turons i sembla una clau posada en un pany, en el punt on l'única carretera de sud a nord pot travessar la serra de la Gessa. El punt ideal per a començar la volta a peu a la comarca en el sentit de les agulles del rellotge.

Passades les primeres cases sóc immediatament al centre de la vila, en un passeig amb arbres, i busco una ombra per deixar-hi el cotxe. Baixo i trec la petita motxilla, i ja amb els peus a la Llitera dono el primer cop d'ull. Això sembla bastant mort, deu ser que no són hores d'anar pel món, amb aquesta calor.

El primer que cal fer és saber on es pot dinar i on es podrà dormir. Veig venir un noi, i li pregunto per un hotel o, rebaixo immediatament, per una fonda.

—No n'hi ha de fonda.

—No?

Comencem bé, perquè Tamarit és la capital de la Llitera.

—Al final d'aquest passeig trobaran un bar *que li fiquen* Amella. Allà preguntin perquè em sembla que lloguen habitacions.

Mentre anem cap al bar Amella, sospito que la Isabel, que té l'experiència d'haver fet amb mi el viatge a peu per la Terra Alta, l'any passat, està pensant que a Gandesa hi vam trobar un hostal prou equipat. Gandesa no arribava als tres mil habitants, em sembla, i Tamarit passa dels quatre mil.

Quan entrem al bar Amella, els homes que hi ha giren automàticament el cap.

—Habitacions, diu? Miri, vagi aquí a l'escala del costat i truqui al primer pis.

Ho faig, prement un timbre que hi ha a la porta. Al cap d'una estona baixa una noia, que obre, i quan li faig saber el que desitjo diu que m'esperi i se'n va a buscar unes claus.

Ens porta a una casa del carrer del costat, al primer pis. Hi ha números en algunes portes, però avui aquí no hi ha ningú més. ¿Ningú més, no hi ha cap foraster que es vulgui quedar a dormir a Tamarit? Mentre deixem les motxilles i ens ensenya on és el lavabo ens explica que per aquí no hi passa, la gent, que no sap perquè ho continua, això d'aquestes habitacions, i em sembla entendre que espera que la casa es vengui, això s'acabi i ella pugui fer-s'hi un bon pis, i em passa pel cap que potser la casa és dels sogres. Però a una persona que et deixa dormir no l'has d'interrogar imprudentment, i a més encara no he recuperat l'hàbit de les lentes aproximacions que són la norma i la gràcia d'un caminant.

Ens diu que si volem dinar anem una mica més avall.

Sembla un cafè, de fora, però diu Bar Restaurant Escar, i té un aire modern.

Ni bé ni malament, però hi mengem, que és del que es tracta. La noia que serveix és amable, això sí. Ens porten amanit, i després corder. Demanem fruita natural, però no en tenen. A la Baixa Llitera se'n cull molta, de fruita, especialment peres: la llimonera, l'arlington, la blanqueta. De gelats sí que en tenen, un gran repertori. Amb els mateixos gelats que es troben a tot arreu i la televisió en marxa, que a més parla en català, podríem pensar que no ens hem mogut de casa. Però sabem que tenim aquí mateix la serra desèrtica de la Gessa, i que quan ara sortirem d'aquest espai ocupat per signes uniformadors ens adonarem que les passes ens han dut molt lluny d'un món familiar, i en la soledat haurem de buscar la companyia de la fruita que s'acaba de collir de l'arbre, com es cullen els moments més sucosos de la vida.

Passeig de tarda

Pujo a l'habitació, perquè al carrer fa massa sol. M'estiro al llit, per apuntar les primeres notes de viatge, però el cul se m'hi enfonsa i quedo —cames i cap amunt— convertit en un exemple humà del que és un angle recte. No tinc res més a fer, però, que adaptar-m'hi.

La xafogor convida a endormiscar-se, però sona, finestra enllà, un martelleig rítmic, el soroll d'algú que està picant uns ferros. Aquí a prop deuen fer obres. Després s'engega un gos cridaner. Algú li fa un xiulet. I passa un camió, amb una trepidació poderosa. Tots els sorolls m'arriben retalladíssims, precisos, diria que neixen just a l'altra banda de la persiana. És com si el metall, el lladruc, el motor agafessin amb el sol una vibració més sonora.

Ara sento un camió amb el motor al ralentí, que no es decideix a arrancar, i el lent plop-plop-plop és com si la tarda glopegés la seva pròpia mandra.

Sento dues campanades i miro el rellotge: dos quarts de sis. És hora d'anar a fer un volt.

Davant mateix de casa, per dir-ho així, hi ha un estanc-llibreria.

—Tenen algun mapa de la Llitera?

El que jo porto és una fotocòpia del que surt a la Geografia Comarcal de Catalunya, prou clar i potser suficient, però no hi figuren els camins secundaris.

—No, no n'hi ha cap.

N'hi ha hagut mai? L'home m'assegura que sí, però que els van acabar fa set mesos.

—I a l'ajuntament, sap si en trobaré?

—No ho crec, perquè ens en van venir a buscar...

Ens endinsem en el barri antic, que comença aquí. A la plaça del Mesón, que sospito que és la tradicional plaça de l'Hostal, hi ha un edifici gran, que és potser on en altres temps els forasters com jo eren acollits. Vaig caminant pels vells carrers, que evoquen, a força d'imaginació, l'estructura del Tamarit medieval, perquè les façanes actuals són molt pobres i la majoria de cases es veuen en molt mal estat. Fins i tot n'hi ha de mig enrunades. El rètol més repetit és *Se vende.* No hi trobo pràcticament ningú. El passeig de l'Hortàs és a quatre passes, amb els dos cafès, les oficines bancàries, les botigues noves i els blocs de pisos, i això sembla, i és, un altre món. Dubto que aquest nucli antic es pugui recuperar mai. La gent l'abandona per anar als pisos dels eixamples que han crescut al peu de la carretera.

Al carrer de Cavallers hi veig algunes cases més nobles. En una d'elles una placa que diu: *Joaquín de Carpi. Abogado.* En un llibre dels senyors Adell i Montori —n'han publicat dos sobre la Llitera, com dic al pròleg—, descobreixo que Joaquín de Carpi és el cronista oficial de la vila de Tamarit, que viu habitualment a Barcelona i ha escrit diversos treballs de mèrit. Evoca una parella de la vila amb aquestes paraules: *Entre los dos, a forsa de traballá i no gastá guaire, van fer bastants cuartos. Soliben di: «Sentimet a sentimet achutem ralets, no sabem pa qui!» Ara que no lis fie falta, teniben de tot. Terres en uliveres, bones faixes pa bllat i panís i un ort agón ñ'abíe de tot, asta carchofes. Fills nón teniben, pero parents dels altres, prou que lis sobraben, perquè mich Tamarit lis dibe tíos.*

El lector s'adonarà que això és innegablement català, i que la qualificació de *chapurreao* és una invenció ofensiva que es van inventar els monolingües castellans de fora de la Llitera. Fem la prova de dir aquest text en veu alta, o de transcriure'l en l'ortografia normalitzada al Principat, i ho veurem encara més clar. Queden, és clar, les formes dialectals —el *teniben* (com al Pallars o la Ribagorça) que equival al *tenien*, el *fie* en comptes del *feia*...— i algun castellanisme d'antiga influència... no pas més que a Barcelona. Com que el senyor Carpi em sembla molt de fiar, ja tinc ganes de ser Llitera endins per escoltar la gent, a veure si hi ha canvis importants.

Aquí no hi són. Confesso que venint cap a Tamarit havia dit a la Isabel: és possible que ens parlin en castellà, i més veient-nos forasters. M'he equivocat de cap a peus.

En una raconada de carrer trobem finalment cinc persones, assegudes a l'ombra. «Bon dia». «Bon dia». Un vellet pregunta immediatament a la dona que té al costat:

—Esta xica és de Tamarit?

L'interrogant era de dubte, caram quin control que porta el vellet!

—No —diu la Isabel—, sóc de Barcelona.

Ell no s'hi pensa gens:

—Barcelona és bona si la bossa sona.

Vol saber què hi fem, aquí, i explico que volem fer la volta a peu a tota la Llitera.

—A peu? I tota? —Ens adverteix—: A la muntanya és molt p'arriba!

Per això comencem per la Baixa Llitera, que és més plana, per anar-nos entrenant. Arribem a la plaça Major, on hi ha un edifici gran, ara en mal estat. Se sent un fort soroll de bateria, que sembla que surt del casalot. Ens hi acostem i llegeixo dos petits rètols: *Redacción de La Voz de la Litera* i, una mica més avall,

Grupo Ecologista Ave Fénix. La Voz de la Litera és una publicació mensual, que entre altres mèrits té el de la durada, perquè va aparèixer el 1969, ara fa exactament vint anys.

Com cridats per la bateria, que no para, entrem en aquest edifici que devia ser un palau i que tindran feina per a restaurar-lo. La música ve del primer pis i arribem al davant d'una porta tancada. Intentem empènyer-la però no cedeix, o potser és que ens sentim intrusos. Per un petit forat podem veure els músics, que no són pas adults sinó uns quants nens, de tretze o catorze anys, dedicats a una modernitat acústica que potser els fa somniar la glòria o simplement passar-s'ho bé, que són dues coses molt importants, a Tamarit i a qualsevol indret.

Es veu que és una tarda musical, perquè, tornant a la plaça, veiem que algunes noies amb guitarres surten de l'església. Llàstima, hem fet tard, però hi entrem.

Santa Maria la Major és una construcció romànica, vista així en general, però per entrar-hi s'ha de passar una porta barroca o una altra emmarcada de renaixement, que és la que està oberta. És molt espaiosa, i al fons, prop de l'altar, hi ha mitja dotzena de dones. Canten. Ens hi anem acostant a poc a poc, i quan hi som a prop ens dediquem a alçar el cap per mirar la volta, a dreta i esquerra, com curiosos de l'arquitectura en comptes de tafaners de la gent, que és el que ara som. Perquè aquestes dones, d'aire agradable, vestides d'una manera urbana —algunes potser són aquí per vacances— formen un grup humà d'una perfecta naturalitat, a més d'un cor piadós. Evidentment, assagen. La que sembla dirigir els cants comenta, quan hi ha una interrupció: «A la que va a empeçar se li veu lo gesto».

És una exigència gairebé professional, penso. Té raó, fa més bonic si no es veu lo gesto. Les sis dones opinen i contraopinen, cordialment, sobre com han de cantar, amb la vivor i l'autenticitat del llenguatge de Tamarit, que contrasta amb allò de *Somos un pueblo que camina*... Perquè canten en castellà, i el canvi de llengua el fan d'una manera automàtica, qui sap si sense consciència real de canvi. Canten amb empenta, amb un ritme enèrgic i pressionant de marxa: *Sufren los hombres oprimidos, los hombres que no tienen ni paz ni libertad.* I tot just pronunciada aquesta última síl·laba enllacen amb l'accent i la modulació natural: *com quedave, ara?*

L'escena és bonica, quina fe en la seva funció —ah, les dones decidides i segures de les terres de secà!—i m'hi quedaria el que fos, al seu costat, però em fa por incomodar-les, al capdavall, i tornem enrere, a poc a poc, cap a la portalada de l'església.

El paper de Tamarit

El nom de Tamarit, segons Coromines, deriva del mossàrab *Tamaridz*, o sigui «els tamarius», nom d'un arbre que realment comença a trobar-se aquí i no més amunt, en l'Alta Llitera. A l'escut de Tamarit que he vist a la vila hi ha efectivament dos tamarius i les quatre barres.

L'origen mossàrab del nom encaixa amb el fet que Tamarit va ser una plaça musulmana molt important del districte de Lleida. Qui va conquistar definitivament el castell i la vila fou el comte de Barcelona Ramon Berenguer IV, cap a l'any 1145. En aquells temps en què els reis intercanviaven viles i súbdits en un joc d'interessos i de pactes, Tamarit va passar per moltes mans, però no va perdre la prosperitat fins a l'edat moderna, que és l'edat que significa el començament i la successió de les grans calamitats socials. Pestes, epidèmies, bandolerisme... i la terrible guerra dels Segadors.

A començaments d'aquests segle, Tamarit va guanyar una batalla i en va perdre dues. La victòria, la construcció d'un canal per regar les terres. Les derrotes, quedar-se sense ferrocarril —els terratinents van aconseguir desviar la línia prevista bastants quilòmetres més avall— i sense carreteres de primer ordre, quan la influència d'unes bones comunicacions era decisiva per a l'evolució comercial i industrial. Tamarit, al centre de la Llitera, s'ha quedat sense fils per lligar la comarca, i l'atracció la fan, a llevant, Alfarràs i Lleida, i a ponent Binèfar i Montsó. A Gandesa, l'any passat, quan jo parlava de capital comarcal tothom ho trobava evident. Quan avui he explicat, un parell de vegades, que començo el viatge a peu des de Tamarit, perquè és la capital de la comarca, m'ha semblat que l'interlocutor no se sentia tan compromès com jo amb el que jo deia, que jo hi posava massa èmfasi.

Segur que Tamarit és la població més ben equipada, encara que no hi hagi fonda, de la Llitera de parla catalana. Hi ha un Institut d'Ensenyament Mitjà, un cinema, botigues, atenció sanitària... i el discret etcètera que vulgueu. Però les circumstàncies històriques no li han estat favorables, i això ha perjudicat, em sembla, el seu paper de capitalitat i, de retruc, la cohesió de la comarca des d'aquest punt central. Això sí: hi ha un sentiment lliterà —i la llengua hi compta— que no s'ha esborrat.

Al sud de Tamarit hi ha un barri força independent,

conegut amb el nom d'un santuari. La gent en diu el *Patrocinio*, simplificació de la Mare de Déu del Patrocini. Cal superar algun desnivell —Tamarit està enclotat—, passar pel costat de la guàrdia civil, la referència que m'han donat, i efectivament és fàcil distingir l'església. És un edifici del segle XVII, neoclàssic, i també havia estat convent de monges.

M'aturo davant la porta, que està tancada. Quan intento empènyer, no sé com s'ho fa però immediatament surt una dona de la casa del costat. Sí que estava a l'aguait! Va a buscar la clau. En entrar, l'església em sembla més gran per dins que per fora. La dona encén els llums i ens acostem cap al retaule de l'altar major, que evidentment és modern encara que imiti el que devia haver-hi abans, segurament destruït. La dona ho confirma. Aquest retaule nou, que sota la llum queda molt llampant, el van portar de València.

Li pregunto si té alguna publicació sobre aquest santuari, tan popular a Tamarit. Em diu que no, que de llibre res. Però que té uns plats decoratius. No ens n'anirem pas amb un típic souvenir trencadís a la motxilla.

Però el plat em fa pensar en ceràmica, i demano a la dona si queda algun terrisser a Tamarit. A Tamarit, i en altres indrets de la Llitera, hi havia hagut una interessant activitat terrissaire, però segons els indicis ha desaparegut. Almenys en l'aspecte tradicional, perquè la indústria és una altra cosa.

Sí, en queda un, no gaire lluny d'aquí. Es diu Gruas.

Baixem per un carrer i anem a parar gairebé a la carretera de Binèfar. La penúltima casa, m'ha dit la dona. És una casa gran, amb una mica de descampat, pel qual avancem fins a arribar a la porta. Al cap d'un minut surt una dona:

—La televisió no m'havia deixat sentir que eren al jardí.

Al vestíbul hi ha unes quantes peces, a terra.

—Són fetes pel meu marit, el meu marit ja té setanta anys.

Hi ha gerres i càntirs, la majoria d'una argila de color de maó amb el senzill dibuix negrós d'una clavellina.

—La clavellina és el dibuix típic d'aquí, saben? Ho fa el meu marit, que té setanta anys.

Ho diu alguna altra vegada, això dels setanta anys, no sé si amb commiseració o amb admiració, o potser per a valorar les peces com a autènticament tradicionals, però com que jo ja n'he fet seixanta-dos trobo, una mica incòmode, que no n'hi ha per tant.

—Aquesta gerra és diferent, veuen? És la gerra segadora, la que s'enduien a la sega.

En descobreixo una d'antiga, però no la ven, mou la mà negativament com si apartés una temptació, com si la meva proposta fos gairebé un pecat.

Cada vegada que li demano el preu d'una peça diu *què?*, i aquestes breus i concretes sordeses em fan pensar que necessita uns moments per augmentar el preu, però potser sóc un malpensat. Però fa gràcia que la conversa sigui fàcil i que només el *què val?* provoqui un *què?*

Li diem que ja tornarem quan hàgim acabat el viatge, perquè demà hem de començar la volta a la Llitera a peu.

—A peu, volen anar? Hospa, a peu!

Hospa, sí senyora. Ja ho veu, aquesta és la nostra artesania.

No passa res

Des d'aquest barri del Patrocini es veu molt bé la situació de Tamarit, voltat de turons. Set turons que van decidir a un entusiasta glossador a qualificar Tamarit de la Nova Jerusalem. A cada turó hi havia una ermita, arruïnades amb el temps. Com l'antic castell al turó de la Pleta.

Ja se sap que el número set és màgic: també van ser set les dones penjades per bruixes, a Tamarit, l'any 1656.

Tornem cap al centre, cap al passeig de l'Hortàs, ample i modern, urbanitzat damunt el que era, diuen, un antic camí cabaner; els ramats han desaparegut, i no arriba a omplir aquesta via el pas d'algun camió escadusser.

Veig que s'atura un autobús de línia. Duu un rètol que diu: «Huesca, Monzón, Binéfar, Almacellas, Lérida». Tamarit no compta...

Al capdavall del passeig hi ha un monument a Joaquín Costa, i el meu respecte per aquest senyor em permet de dir que no em sembla una obra gaire afortunada. El van instal·lar l'any 1982, per commemorar, suposo, els noranta anys del famós míting. Joaquín Costa, personatge extraordinari —pagès a Graus, criat a Osca, doctor en dret i filosofia i lletres a Madrid—, més que per la seva carrera política és recordat a la Llitera per la seva acció a favor de construir un canal, un projecte que feia més de cent anys que no acabava de posar-se en marxa. Sembla que el míting que va fer Joaquín Costa, el 29 d'octubre de 1892, va ser decisiu, de manera que l'homenatge és justíssim. No sé si avui hi ha ningú capaç d'aconseguir, amb un míting, que l'aigua arribi a la part de la Llitera encara seca.

En aquest passeig trobo una ferreteria i compro una cantimplora, pensant que a partir de demà la deshidratació serà forta anant pels assolellats camins de la Llitera. I m'en vaig a seure en un petit banc, al costat de dues dones, en una cantonada del passeig, a llegir *Desperta Ferro!*, una publicació que es presenta com a «Revista de la Franja». Amb la seu a Tamarit, i escrita íntegrament en un català normatiu, la revista recull el batec de totes les comarques frontereres de llengua catalana; Alta Ribagorça, Baixa Ribagorça, Llitera, Baix Cinca i Matarranya. Hi llegeixo una entrevista amb Maria Pau Huguet, la presentadora de Mag Magazine a TV3, que és de no gaire lluny d'aquí, d'Estopanyà. Aquesta revista, editada pels Consells Locals de la Franja, deu ser una obra bastant difícil però engrescadora.

Em distreu la veu d'una de les dones, que diu cridant a una altra:

—Hai desfeit hasta la trampa i torno a puiar. Ja t'ho diré.

Suposo que parla d'un gersei.

Una mica més amunt del banc hi ha un grup de dones, i si no ho interpreto malament parlen de morts. Vestides com van, potser venen d'un funeral. Em sembla que hi ha algun personatge, l'home?, foraster. Una de les dones explica:

—Mi padre tardó mucho en refredarse. Li posàvem la mà a l'esquena i ben calentó, el pobret.

Pregunto a la dona que seu al meu costat si ha passat alguna desgràcia. La seva resposta és equívoca, però tot seguit s'aixeca i se'n va cap al grup. Sento que els diu:

—No crideu més l'atenció, que tothom em pregunta si ha passat alguna cosa.

En aquest vespre tranquil, a Tamarit, *tothom* som la Isabel i jo, els únics forasters.

Passa un cotxe per davant del banc, i cinc metres més enllà s'atura i fa marxa enrera. En surt un home jove, que se m'adreça decidit:

—Espinàs, oi?

Home, no... penso. És el meu primer viatge a peu fora de Catalunya, i confiava trobar-hi l'anonimat total. Em dona una targeta: Josep Perera, i és promotor de l'obra «La Corona d'Aragó». Li presento la Isabel, i salta immediatament: «Isabel Martí, la de l'Orquestra?». De quina orquestra? De moment no hi caiem. «Sí, home, el programa del Vendrell!» Caram, en Vendrell va entrevistar-la fa unes quantes setmanes a Catalunya Ràdio, i aquest home ho lliga tot: «Que no és l'editora de La campana?». Aquest home deu ser un bon venedor. Però amaga't a la Llitera per tenir aquestes sorpreses... S'ofereix per deixar-nos un mapa, el té a Castellonroi, ens hi pot dur amb el cotxe, encantat de la vida... No, no, no, tot plegat és massa acció per a nosaltres, que ja estem adquirint la calma contemplativa del caminador.

Després de sopar, sols, al restaurant —confirmat: aquí no hi ha gent de pas— fem un volt pel passeig. Només hi ha alguns homes a les taules del bar Juanet. Un grup de noietes en un banc, un grup de noiets en un altre.

Sota el rètol lluminós de la Caja Rural seuen els qui tenen quatre o cinc anys més, els joves. A prop hi ha un rètol en una paret blanca: «Metamorfosi». És un bar. Només hi ha sis o set persones, el que omple més el local és la música «disco». La nit de Tamarit, almenys el dilluns, no dóna per més.

Tornant cap a casa, veiem que un guàrdia bada enfora a la porta de l'ajuntament. Li preguntem si té un mapa de la Llitera.

Ens convida a passar i ens ensenya un mapa del terme de Tamarit, penjat a la paret. No, no en tenen cap més.

—Está molt deixat, el poble vell —dic.

—La gent prefereix els pisos nous d'aquí baix. Allà dalt les cases velles són estretes i altes, i la gent vol comoditat.

Ens acompanya a la porta, excusant-se:

—Que jo sèpia, no ny'a, de mapes.

Mirem el passeig, desert i silenciós. Dic:

—Una nit tranquil·la.

—Totes són tranquil·les, aquí.

Doncs a dormir, que demà tindrem feina.

2
ALBELDA

El color modern

Em desperto i trec el cap a la finestra: al passeig munten les parades del mercat setmanal.

Ens posarem a caminar una mica tard, avui, perquè ahir ja ens van dir que el bon moment del mercat era cap a les deu i jo tinc ganes de passejar-hi una mica.

No sembla que aquí tot es posi en marxa gaire d'hora. Ahir vaig preguntar al cafè-restaurant Escar si hi podria esmorzar aquest matí, i em van dir que a les nou no hi comptés. Que més amunt hi havia un altre bar, l'Amella, que també era d'ells, i que obria abans. Hi esmorzo amb calma perquè el mercat també va engegant-se amb calma.

En altres temps, Tamarit havia tingut fires i mercats importants, però aquest que estic veient ara és bastant discret. Han vingut camionetes d'Alfarràs, de Lleida, amb peces de roba, eines de cuina, plantes... també una mica d'aviram i uns sacs de cargols. I cistelleria. Un mercat modest, doncs, però simpàtic. I m'agrada ser-hi perquè avui puc assistir a la repetició d'un fet històric: Alfons I va concedir a Tamarit aquest mercat dels dimarts l'any 1169. Vuit segles... Però no hi ha cap indici de transcendència en aquest passeig ara assolellat, on unes quantes persones van a poc a poc amunt i avall, i miren i conversen. És dimarts, i prou.

Com que hi ha alguns venedors forasters, les llengües i els accents es barregen curiosament. Una gitana crida: «Todo barato, dones!» I una altra fa una frase esplèndida: «Tengo todos los colores, y el moderno». Ja deuen saber quin és.

Passo pel costat d'una parella que s'han trobat, i ella diu a l'home, que ja és gran:

—Qué, señor Ramon, a dar una vuelteta...

M'hi quedaria una estona més, però penso que jo també he de començar la meva vuelteta per la Llitera, que el sol ja es nota i que contra totes les normes caminaré amb la màxima calor del dia fins a arribar, potser a primera hora de la tarda, al Torricó.

Recollim les motxilles del cotxe, que ens esperarà vuit dies, i abans de sortir al camí passem per la farmàcia, a pesar-nos. L'any passat vaig començar la volta a la Terra Alta pesant 68'700. Miro la bàscula amb una mica de prevenció, però em tranquilitzo: 69 quilos justos. La Isabel pesa 54. Ho apunto per comparar-ho amb el pes que assenyali quan tornarem.

La Rambla

La carretera cap a Albelda està orientada cap a llevant i no trigo gaire a posar-me el barret de palla, que potser ara fa suar una mica però sembla una protecció prudent quan un ja ha perdut part del cabell. L'agost és l'agost.

Passo per una bòbila, on hi ha unes grans estibes de maons. I ben aviat la soledat, la primera soledat que tant estimo del viatge a peu, el primer silenci a banda i banda, la primera consciència d'una passa darrera l'altra, i la sensació de trobar-se en pau amb un mateix. Això és el que volia, l'esbandida de tots els pensaments, la il·lusió dels camins desconeguts, la lenta i serena percepció de tot el que serà nou, i mai insignificant perquè els ulls reaprenen a mirar.

A la dreta del camí, el canal. A vegades m'arriba clarament la remor de l'aigua.

Avanço sempre amb aquesta sensació: estic circulant per la frontera entre el regadiu i el secà. A la dreta hi ha arbres, i a segon terme plantacions de fruiters, i quan la carretera s'enfila una mica es pot veure, al fons, una plana molt llisa amb contínues franges de verdor. A l'esquerra, en canvi, el paisatge és eixut, amb els pròxims turons aspres i pelats de la serra de la Gessa. Està bé viure d'entrada aquesta experiència doble i simultània de les dues Lliteres, ja vindran els dies de submergir-se plenament en les terres baixes i en les terres altes.

Veig alguna pomera vora la carretera, també ametllers carregats d'ametlles, i oliveres poc ufanoses i una mica tristes.

Travessem un antic camí ramader. No sé si encara hi ha bestiar que de tant en tant li aixequi la pols.

Els quilòmetres fins a Albelda els hem fet força depressa. Deixem la carretera que continua cap a la frontera amb Catalunya i trenquem brancal amunt, cap al poble.

El sol peta fort, ja, i potser encara ho sembla més perquè Albelda té la nua serra de la Gessa gairebé damunt de les cases i no hi ha cap verdor que suavitzi la reverberació de l'aire calent. Carrer d'entrada amunt, veiem a l'esquerra un carrer més estret, ombrejat i agradable, i al fons tres dones. M'hi acosto una mica per fer una fotografia. Naturalment, m'han vist. Alesfores avanço més, per donar la cara i no sentir-me tan intrús, mirant les façanes de les cases. Quan sóc a tocar el grup dic:

—Bon dia.

Reaccionen amb un punt d'excitació i responen:

—Bon dia!

Que digués «bon dia» els ha sorprès, ho confessen:

—Em pensava que eren estrangers!

Estrangers... Penso en aquella idea: no són mai estrangers els qui per saludar-se fan servir les mateixes paraules: bon dia. Estranya sí que ho deu ser una mica la nostra aparició.

—Em podrien dir on hi ha un cafè, per descansar una mica?

—Tornin al carrer que puja, continuïn amunt, i de seguida trobaran la Rambla. Allà hi ha un cafè.

La Rambla, quina paraula més familiar i, al mateix temps, més inesperada.

I quin regal per al caminant suat aquest espai que en diuen Rambla, a Albelda, amb unes quantes taules de cafè a l'ombra! És un passeig no gaire llarg que sembla un oasi, i ens falta temps per seure-hi, deixar les motxilles a terra i anar al cafè a buscar aigua fresca.

Seiem a prop de tres homes, ja grans, que també han triat l'ombra d'aquest lloc per passar el matí. Bevem l'aigua, respirem feliços, sentim la presència d'aquesta gent. Hem fet la primera etapa, és el primer poble, el primer contacte humà.

—S'hi està bé, aquí.

Mouen el cap.

—Molts pobles la voldrien, una Rambla com aquesta.

—Què són, aquests arbres?

—En diuen xops blancs.

Xops blancs? No ho veig gaire clar, perquè quan

algú diu xop jo sempre m'imagino un arbre alt i esvelt, i aquests d'aquí són més aviat baixos, i arrodonits, i per això fan una ombra tan acollidora. Però jo no hi entenc, i si ells ho diuen... A contra sol, és veritat que les fulles fan un joc molt bonic de verd fosc i verd pal·lidíssim.

No m'esperava que un dels homes ens digués, somrient:

—Ja han fet quatre quilòmetres, vostès...

Extraordinari. Els primers passos per la Llitera i ja ens han controlat. Hi ha una explicació: aquest home anava en un cotxe —i n'han passat ben pocs— de Tamarit a Albelda quan nosaltres fèiem el camí, i naturalment s'hi ha fixat.

Li dic que això d'aquest matí és el començament de la volta a peu a la Llitera i l'home se n'admira:

—Vostès fan la volta de Colón...

—No tant.

—Déu n'hi do, Déu n'hi do... Jo no conec ningú que l'hagi fet. I ara cap on volen anar?

—Cap al Torricó. Ja sé que no hi ha carretera directa, però algun camí hi deu haver.

—És clar, i no es poden perdre. Tornen fins a la carretera, baixant per aquell carrer, la travessen i trobaran el camí allà mateix.

—És un camí prou ample, per no confondre'ns?

—Sí senyor, hi pot passar un cotxe, i encara que sigui de terra i no gaire bo n'hi ha, de cotxes, que hi van un bon tros, fins als camps. No el deixin fins que trobin la sèquia, llavors la segueixen, a la dreta, i arribaran a una carretera.

—La de Miporquet al Torricó.

—Exacte.

Em mira com si l'hagués volgut enganyar.

—Vostè ja hi ha estat, aquí, vostè ho coneix.

—Li asseguro que no, però aquesta carretera l'he vista en un mapa. El que no sabia era com arribar-hi des d'aquí.

—Vagi per on li he dit i la trobarà.

Fet, això serà d'aquí a una estona. S'hi està bé, ara, en aquesta ombra, mirant com el sol pinta el perfil de les moltíssimes i petites fulles i no pot entrar més endins.

Bruixes i companyia

Em dec haver distret, badant, apuntant coses al bloc, no ho sé, perquè m'adono de sobte que estan parlant de bruixes, qui sap si per cridar la meva atenció. M'hi fico:

—Bruixes, diuen?... N'hi havia, aquí?

—Que si n'hi havia? —Mira un dels seus companys. —La casa d'aquí dalt, tu ja ho saps...

Ho ha deixat mig penjat, només ha iniciat un gest que no ha acabat de concretar-se. Però, sense comprometre ningú, és ben clar que té ganes d'explicar una història.

—Puc contar-li molts casos. Hi havia una casa que semblava maleïda, perquè cada any per Nadal, al punt de la mitjanit, se'ls moria la millor de les mules. Cada any, escolti. Un Nadal van posar un mosso a vigilar. Quan van tocar les dotze, un gat negre es va posar sobre una mula. El mosso se li va tirar al damunt i el va baldar a bastonades. —Fa una petita pausa. —L'endemà, l'àvia no s'alçava del llit, i el mosso li va preguntar: «Què us passa, doncs?». «Prou que ho saps, tu», va contestar la vella.

Em mira quan afegeix: «L'àvia tenia el braç trencat»... Jo moc el cap lentament, amunt i avall, com dient-li que ja entenc allò que em vol fer entendre: que l'àvia era la bruixa que s'encarnava en un gat.

—Ara, una cosa són les bruixes i una altra els curanderos. Les bruixes feien mal, mentre que els curanderos potser no sempre feien bé, però de mal no en feien.

L'home del seu costat vol intervenir.

—Home, ara hi ha gent que se'n riu, però els curanderos havien curat molta gent, i encara avui... Miri —es gira cap a mi— tothom sap, aquí, el cas d'un home que tenia la dona molt malalta, i el metge ja no li trobava remei. L'home se'n va anar a veure un curandero de molta fama, li explica de què es tracta i el curandero li diu: «Torna a casa, tranquil, i veuràs com a les dotze en punt passa un gat negre pel damunt del llit de la teva dona. I estarà curada».

—Això mateix —confirma el que ha parlat primer. —Però no es pensi que estem parlant de coses antigues, només. El que ara li diré va passar deu fer, a veure, quaranta anys. Hi havia un noi que feia el servei militar i s'estava a casa d'una dona. Ella no volia que el noi marxés, quan hagués acabat el servei. Es veu que no volia quedar-se sola o li havia agafat sentiment. Però el noi, és clar, quan va ser l'hora se'n va anar. I sap què li va passar? Que va començar a tenir set, unes ganes d'aigua que no se li acabaven mai. Ja podia beure, tot el dia set i més set.

—Era bruixa, ella?

—No sé si el noi s'ho pensava o no, com diu vostè, que era bruixa, però tip de patir aquella set contínua un dia va anar a casa de la dona i en una cambra fosca va veure-hi un llumet encès i el cor d'un animal, que no sabia quin animal era, amb tot d'agulles clavades. Va agafar la dona i li va jurar que si no acabava amb allò la mataria. I l'hauria matat, perquè ja no podia més. Ella es va espantar i va deixar de clavar les agulles, i al noi li va passar la set.

Per uns moments he deixat de sentir l'aire fresc que circula per sota d'aquests arbres acollidors, i tot m'ha semblat estranyament aturat al meu voltant.

L'home hi afegeix una precisió que m'impressiona de tan segura:

—Aquell noi era un cosí del meu cunyat, miri què li dic. I abans he calculat que això va passar fa només uns quaranta anys perquè ara en té seixanta-quatre.

El silenci s'allarga una mica, però les coses ja tornen a respirar, a moure's, a tenir la presència d'abans.

—Jo no sóc fanàtic —diu un dels homes— però tampoc incrèdul.

El tercer home, que no havia parlat, diu rotundament:

—Jo no hi crec gens.

—Està bé, no hi creguis.

—No hi crec, en bruixes. Ara, que hi ha persones amb poders sobrenaturals, això sí.

—Digues-li com vulguis.

—Mira, on hi havia bruixes era a les cases pobres. Ja sabeu que lo típic eren els sorolls.

—I tant, sorolls que no se sabia d'on venien.

—A mi no m'ho treuran del cap, de ser bruixes en treien diners, a les cases pobres.

Per la Secundària

Ja hem descansat prou, el sol és alt i falta molt camí. Els homes ens desitgen bon viatge i els dic que potser l'enyorarem, aquesta petita Rambla tan acollidora de forasters.

El comentari que fan em sorprèn:

—Aquí no venen pel poble, sinó perquè som bona gent.

Així, amb aquesta senzillesa. Segurament tenen raó, ¿què s'hi pot venir a buscar, a Albelda?

Abans de sortir-ne fem un tomb pel poble. Pel poble que havia estat una vila molt important, fa segles, si no els àrabs no l'haurien batejada amb el nom d'*al-Belda,* que vol dir la ciutat. L'havia conquistat el comte d'Urgell Ermengol IV, uns diuen que el 1083, els altres el 1091. Fa nou-cents anys. S'havia regit pels «costums de Barcelona», quan encara no s'alçava aquest campanar tan especial, de vuit costats, i a dalt de tot una cúpula que no em sembla que acabi de lligar amb l'església gòtica. És una torre amb força, i fa bonic, llàstima que estigui bastant feta malbé.

Preguntem on podem comprar fruita, per al camí.

—Al Preko.

M'ha sobtat. Això de Preko sona a cadena de supermercats. El Preko és aquí mateix, com tot, i resulta ser una botiga no massa gran i amb tot el caràcter i l'amuntegament barrejat d'una modesta botiga de poble. Comprem préssecs i prunes. Albelda té la sort d'estar al costat de la carretera que va d'Alfarràs a Binèfar i per això, segurament, ha resistit millor que els altres pobles que anirem trobant. Per alguna cosa aquí hi ha, de fa poc, un Centre de Recursos de la Llitera. Em temo que a l'Alta Llitera no hi haurà ni Prekos.

Passem, poble avall, per davant del monument a l'olivera, que interpreto com un recordatori dels segles de secà, abans que s'inaugurés el canal. El canal rega la part meridional del terme i ha dut una mica més de benestar... amb permís del temps. Perquè en un pregó de les festes de Sant Roc, l'any 1975, Joaquín Carrera Quinquillà (la gent de la Llitera, encara que parli català, acostuma a dir-se el nom en castellà), poeta local, va escriure:

Anguany e una mica guit
que el secá mos a fallat,
ils présics y la blanquilla
també mos u a chelat.

I al final deia:

Y así sacabe'l pregó
de les festes de San Roc,
que'l San mos done salut
als forastés y als del lloc.

Que així sigui, i endavant.

Trobem el camí sense dificultat. És ample i notablement polsós, una pols que fa núvol quan, de tant en tant, passa un cotxe o un tractor que ve d'una finca.

De mica en mica es va quedant enrere Albelda, que amb la distància sembla encara més enganxada a la serra de la Gessa, com si fos un poble pintat en un teló. L'aire es fa més calent, es nota que anem entrant en la terra baixa, en una ampla planúria, la Llitera del regadiu, amb l'horitzó tapat a quatre passes pels rengles de fruiters.

Al cap d'una estona apareix una sèquia. És la que hem d'agafar? És possible que hi hagi diversos braços, i per sort ho podem preguntar a un home que hi ha en un camp, i el consell és clar i és bo:

—Sí, aquesta és la Secundària, que els durà fins a la carretera del Torricó, però no l'agafin ara, perquè aquí fa una volta. Quan la tornin a trobar més avall, llavors sí, cap a la dreta.

Més avall, efectivament, reapareix la Secundària. Perfecte. La marxa és fàcil, perquè al costat d'una sèquia sempre hi ha un camí còmode, en diuen la banqueta de la sèquia; deu ser una servitud de pas obligada, i per nosaltres ben útil. La marxa és fàcil, sí, i el camí pla, però l'aire ja està molt rescalfat i la monotonia del paisatge no estimula gaire. Molt enrere, ja, la serra de la Gessa, que ara es veu molt baixa i es desdibuixa a través de la reverberació.

Descansem en un camp de pereres. Encara són verdes i mengem els préssecs que dúiem. Aquí passa una mica d'aire, o és que a l'ombra la pell el nota més.

De retorn al camí, sort de la sèquia —ja li diem familiarment, com la gent del país, la Secundària, que sona a nom de bona dona de poble— perquè l'aigua mòbil alegra la mirada i la petita remor refresca l'ensopiment del ritme sempre regular dels passos.

Em fa l'efecte que Miporquet, on hi ha d'haver la carretera, no arriba mai. És clar que no sabem ben bé què és Miporquet, ni quina cara fa. Ha de ser un llogaret molt petit. Quan anem a parar, finalment, a la carretera, no hem vist el poble. Si no és un veïnat de cases escampades deu ser més a llevant, però és inútil buscar el campanar, suposo, perquè m'han dit que de l'església no en queda res. Fa tres-cents anys ja era en runes, i entre les runes es va trobar una imatge de la Mare de Déu. La del Patrocini, precisament, que va ser traslladada a Tamarit, al santuari que ahir vam visitar.

Si no un poble, sí que trobem, prop del camí, alguns estables i algunes granges, amb una forta ferum de porcs, però no veiem ningú. Sortim a la carretera i mirem a la dreta: una llarguíssima recta, que almenys fa, vista des d'aquest punt i fins a un llunyà canvi de rasant, tres quilòmetres ben bons. Es perd en la calitja de l'horitzó, com una mena de pista d'aeroport estreta però inacabable. No tenim ales per envolar-nos. Només els peus, i de tant en tant les sabates deixen una empremta ben retallada en l'asfalt estovat pel sol.

Es tracta d'animar-nos fent juguesques. «D'aquí a aquells arbres què hi deu haver, un quilòmetre?» «Una mica menys, potser». Vaig comptant les passes i me'n surten 780.

Quan arribem al canvi de rasant, després d'una pujada suau, decidim descansar, aprofitant una ombra minsa al marge mateix de la carretera. D'aquí estant veiem que la recta continua, però al fons passa algun cotxe, com si la travessés. Deu ser l'encreuament amb l'altra carretera, la que va de Tamarit al Torricó. Animem-nos. Es pot dir que ja tenim el Torricó a l'abast de la mà.

3
EL TORRICÓ

No hi comptàvem

En arribar a l'encreuament tirem cap a l'esquerra, i aviat veiem els afores del Torricó. La Isabel diu:

—Per aquí hi deu haver una piscina.

Em quedo desconcertat. Com s'endevina, això?

—Perquè sento veus de nens.

Potser ha associat aquesta observació amb una experiència semblant a la Terra Alta. Hi ha pocs nens, en aquests pobles, i si n'hi ha uns quants de junts i les seves veus tenen un punt d'excitació només pot ser que hi ha una piscina. Efectivament, per un camí del costat veig que passen quatre o cinc nens i nenes, amb tovalloles de colors.

Són dos quarts de cinc de la tarda, ja, quan passem pel costat del rètol que diu *Altorricón*. Vet aquí com han transformat El Torricó. En el procés de castellanització del nomenclàtor, si en diguessin *El Torricón* no m'estranyaria tant, encara que *torricón* no és una paraula que es trobi al diccionari Casares. Torricó, en canvi, segons el diccionari català, és clarament la torre petita d'una fortalesa, especialment la d'un guaita. Però no calia estrafer-ho tant, convertint l'article català *El* en *Al*, enganxant-lo a la paraula i, per justificar l'estrany producte final, proposar una etimologia: s'ha escrit que *Altorricón* pot tenir una arrel àrab, al-tor, o sigui «el torreón o el castillo». Com que Albelda sí que és àrab, ja tenim el sistema arabitzant: El Torricó passa a ser *Altorricón*, El Gaió és *Algayón* i El Campell és *Alcampel*. L'evident identitat catalana d'aquests topònims queda emmascarada. Altres pobles, encara que l'ortografia es deformi, se salven de l'arabització gràcies a no dur l'article *el*: Baells, Valldellou, Camporrells, Castellonroi... I la prova que *Altorricón* no té sentit és que algú, buscant la lògica per vies extraviades, en va començar a dir, i a escriure, *Altorrincón*, encara que l'indret no sigui alt ni estigui precisament arraconat.

Entrem al poble per un carrer recte i llarg, és el dia de les rectes llargues. Immediatament tinc la sensació d'arribar a un poble de colonització, un producte urbanístic més aviat sobtat. Sé que no es així, perquè El Torricó és un nucli antic, però sí que mostra, en aquest sector, els signes d'un creixement relativament modern. És la conseqüència de l'arribada de l'aigua del canal. El Torricó va conèixer l'empenta de la prosperitat, una nova esperança —en contrast amb d'altres terres de la Llitera— i l'any 1935 aconseguí independitzar-se de Tamarit.

Per anar cap al centre trenquem per un carrer, al fons del qual hem vist el campanar de l'església. Arribem a una placeta però no hi ha ningú. Hem d'esperar que s'acosti un home que ve per un carrer, i li preguntem per un hotel o una fonda. L'home mou el cap: no n'hi ha, i amb això sí que no hi comptava. Si en algun lloc estava segur de trobar allotjament fàcil era al Torricó, per allò de l'activitat comercial i el progrés econòmic.

L'home ho té claríssim: no hi ha fonda.

—Si volen intentar dormir aquí...

—És que no hi ha més remei. Sant Esteve queda massa lluny.

—Poden mirar-ho al cafè de dalt. —S'ho pensa una mica abans d'afegir: —O allà baix, en una casa que hi ha al capdavall d'aquest carrer, però és un home una mica estrany.

I se'n va. És que no m'ho acabo de creure. I què hem de fer, anar a buscar el cafè de dalt o anar a veure l'home una mica estrany?

Mentre dubto passa un altre home, que camina decidit, i l'aturo. Li pregunto on és el cafè de dalt.

—El cafè de dalt? No sé pas què és, això del cafè de dalt. Fa molts anys qui li ho van dir?

No goso dir-li que només fa dos minuts.

—El que volem és trobar un lloc per dormir, perquè ens han dit que de fonda no n'hi ha.

—No. Però a les cases de San Blas hi ha un pis que lloguen habitacions, és millor que allò d'allà baix.

Allò del senyor estrany, vaja.

—Si volen els acompanyo, no faig cap volta.

El senyor amable ens porta cap a les cases de San Blas, i ens deixa al portal d'un bloc de pisos, després de trucar un timbre. Ens obren i pugem. Una dona, des de la porta d'un pis, no sembla massa ben disposada i ens diu que aquesta nit no, que no té cap habitació lliure. No veig clar que ho tingui ple, però el que jo pensi no compta al costat de la negativa.

—Per què no ho proven a cal Mut?

Penso que el Mut deu ser «el d'allà baix».

Tornem al carrer, desmoralitzats. Són les cinc de la tarda, fa calor i no hem dinat. Però no sé què és que ens fa resistir a anar allà baix, a la casa de l'home una mica estrany.

Altra vegada a la plaça, esmaperduts, ens adrecem

a un noi que puja. Li exposem la nostra situació i els nostres dubtes.

—No sé pas com s'ho poden fer, francament.

Però devem fer tanta llàstima que s'esforça i de cop se li encén una llumeta, que per nosaltres es converteix immediatament en una resplendor:

—L'únic que els ho pot solucionar és el municipal.

Història d'un jugador

D'entrada he pensat que si havíem de posar la nostra esperança en el municipal, si volíem dormir al Torricó, era per la seva condició d'autoritat. En un poble, un municipal bé deu comptar, i si l'autoritat pren la decisió d'apadrinar-nos segur que sap a qui acudir per inclinar una bona voluntat al nostre favor.

Però el noi que ens ha donat la pista ens dóna, també, una altra explicació. No, el municipal no ens ajudarà com a autoritat, però en canvi és possible que ens ajudi com a ciutadà: resulta que té una casa que habitualment està buida, li sembla, i qui sap si ens la voldrà llogar.

—Hi estarien molt millor...

No ha dit molt millor «que allà baix», però ho entenem així.

—I on el podem trobar, el municipal?

—A l'ajuntament ja no, perquè tanquen a les tres, i ja són les cinc tocades. I on viu no ho sé...

L'experiència serveix per a trobar les preguntes oportunes:

—I no acostuma anar a cap bar?

—Això sí. A l'Ariño.

Som-hi. L'Ariño és el bar del Torricó, per dir-ho així,

el cèntric, el rovell de l'ou. Hi ha mitja dotzena d'homes, i el cafeter, a qui preguntem pel municipal. No hi és, però ens diu que ja vindrà, vaja, si no resulta que li ha sortit una altra cosa. I a quina hora vindrà? Home, pot venir a les sis, però també poden ser les set, o...

No hem dinat ni dinarem, ja, en aquesta hora. Penso en la dita popular: «Pa i crostó, el almorsà del Torricó». Expliquem al cafeter què volem del municipal, li demanem permís per deixar les motxilles en un racó i fem un piscolabis barrejat, amb ametlles, olives, patates fregides, un gelat i un cafè. I, ja, la pipa de la confiança i de la paciència. Arribi quan arribi, el municipal ens trobarà aquí.

El cafeter s'ha assegut en una taula on quatre homes juguen a cartes. Més a prop de nosaltres, un solitari fa un solitari. És un home prim i esvelt, amb una cara que sembla tallada per un escultor no realista, com un personatge de Modigliani que hagués agafat cos.

Hi ha un gran ventilador que volta damunt mateix de la tauleta on ens hem assegut.

Els jugadors i el cafeter parlen sense alçar la veu. El Modigliani ha acabat un solitari, es posa les mans tapant la cara, de colzes a la seva taula, i no es mou, sembla que s'ha adormit.

A la porta del cafè hi ha una cortineta, i al defora s'endevina un sol brillant i dens.

S'acaba la pipa però no s'acaba la paciència.

El Modigliani s'ha despertat, separa les mans de la cara, remena lentament les cartes i comença un altre solitari.

Aleshores un vellet, que no he vist entrar, avança directament cap a nosaltres i diu:

—¿No els molesta aquest ventilador damunt del cap? Jo no m'hi podria estar sense la boina.

Però amb la boina s'hi pot estar, i ho demostra agafant una cadira i seient a la taula, amb tota naturalitat.

—No els molesto, oi?

—Al contrari —i és veritat. Una de les lleis del viatge a peu és aquesta: és bo que passi tot el que passa.

El vellet ha vingut a parlar, i es presenta immediatament:

—És que potser pensen: ara haurem d'aguantar aquest vell? Perquè ja he fet vuitanta-sis anys, i sóc el vell més vell de tots els nascuts al poble. Dels nascuts aquí, eh?

De seguida es veu que és viu com una mustela i que té un punt de coqueteria.

—Vuitanta-sis anys? Vostè es conserva molt bé...

—És que només n'he treballat sis, d'anys.

Sap que això és un petit cop d'efecte, i una invitació a interessar-se per ell. No diem res, però no cal, en té prou amb la nostra atenció.

—Quan era jove vaig fugir de casa, m'hi vaig estar dos anys, fora. Jugant a les cartes. —Fa un petit somriure, uns llavis fins, maliciosos. Ha vist la meva pipa i prepara la seva confidència preguntant-me: —Vostè fuma?

—Sí senyor, amb pipa.

—Un jugador ha de fumar, i el millor que pot fer és fumar puro. Per jugar, el puro és l'arma. Però s'ha de tenir sempre apagat, i així el pots encendre i mentre l'encens prepares el truc.

Jugador professional. Jugador de trampa. Ho ha dit amb una perfecta senzillesa, amb la naturalitat de l'evidència.

—He estat a tot arreu, a Saragossa, a Sevilla, a Madrid, a França...

—Sempre jugant...

—Sempre jugant. Era la cosa que sabia fer. A Madrid tenia una penya extraordinària, hi havia prostitutes, boxejadors fracassats, jo... Li diré una cosa: mai no he vist enlloc, com ho he vist allà, gent tan disposada a ajudar qui ho necessités. Vostè, senyoreta, potser no s'hi hauria trobat bé, i amb raó, però li asseguro que és la millor gent que he conegut. En aquella penya he vist més diners que en cap altra banda per ajudar qui fos.

S'inclina una mica cap a nosaltres.

—De diners n'hi havia, i de diners n'he guanyat molts. Hi havia partides amb cinc mil pessetes al plat de cada u... i li parlo de l'any 1927.

—Què diu.

—El que sent. Jo sóc un analfabet...

—No m'ho crec.

—Sí, sí, jo sóc un analfabet, vull dir que no vaig tenir estudis com cal, mirin si havia de ser analfabet, jo, que tenia un mestre que no sabia restar. Ja està dit tot. És clar, després vaig haver de llegir una mica i espavilar-me. Ara: vaig guanyar diners però també en vaig gastar molts. Per la meva feina jo necessitava anar molt ben vestit i alternar. Encara tinc un armari, si vinguessin a casa el veurien, ple d'aquells vestits que no s'arruguen mai, són d'aquella època. Veuran, jo m'havia de presentar bé i trobar la manera d'introduir-me entre la gent de molts diners. Una vegada vaig conèixer una noia que m'interessava, perquè em podia relacionar, i quan vaig saber que li agradava anar a cavall jo me'n vaig comprar un. Per poder anar amb ella.

Té uns ulls foscos i una mica comprimits, amb una energia que no l'ha abandonat, i al mateix temps un aire de simpatia innocent que li deu haver estat molt útil.

—I al cap d'un temps ho va deixar...

—El què?

—El joc.

—Sí, és clar. —I ho diu sense embuts: —A Saragossa, a Sevilla, a França... a tot arreu arribava un moment que em calaven, i havia de fugir.

De cop m'allarga la mà i em diu, decidit:

—Toqui'm la mà.

Me la dóna amb el gest de qui vol encaixar. No l'entenc però ho faig.

—No nota res? Passi els dits per aquí.

Li passo les puntes dels dits pel palmell.

—No nota que és una mà molt fina?

Té raó. La mà d'aquest home de vuitanta-sis anys és estranyament suau, té una pell gairebé infantil.

—Sí, allò es va acabar. Aleshores vaig haver de preparar la tornada a casa, sobretot pensant amb el meu pare, que em volia afusellar. El pare havia estat militar. Jo sabia que no podia tornar sol, i vaig organitzar l'operació. Vaig anar a Osca, on hi tenia dos cosins, i els vaig convèncer que vinguessin amb mi cap al Torricó. «Només us demano que vingueu amb mi, no heu de fer res, estar-vos a casa un parell de dies, o tres, i després us en torneu». I així ho vam fer. El pare es va quedar molt parat en veure'm arribar, però com que anava amb els cosins no va dir res. Jo sí. Aquell mateix dia, amb aquestes mans fines, i mudat com anava, li vaig dir a un germà meu, ben decidit:

—Prepara'm dues mules.

—Què?

—Prepara'm dues mules, que me'n vaig a llaurar.

Em miro aquest vell que tinc al davant, que aguanta l'esquena dreta, que té una mirada de pinxo i un gest educat. On sóc, com és que passa tot això?

—Aquí al poble em tenen per un infeliç.

Com que s'atura, m'obliga a pensar per què el deuen tenir per un infeliç. S'ha aturat per jugar amb una altra sorpresa.

—Després d'haver fugit de casa, després que el pare em volia matar... ve un dia que el pare em diu que m'ha fet hereu. No vaig dir res a ningú. És clar, quan el pare es va morir es va saber. Ja ho veuen, el pare m'ho havia deixat tot a mi. Vaig cridar els meus germans i els vaig dir: aquí no hi ha hereu ni res, i ens ho repartirem tot. No s'ho creien. I encara es van quedar més parats quan els vaig ensenyar un paper que jo havia firmat a cal notari, repartint totes les finques. «Mireu la data, mireu». Jo ho havia repartit l'endemà mateix del dia que el pare havia fet testament, deixant-m'ho tot a mi.

Es tira una mica més enrere, segur d'ell mateix, i diu:

—Entenen ara perquè diuen que sóc un infeliç?

Ell mateix talla la pausa.

—He treballat molt poc, no he tingut mai l'ambició de ser l'amo de tot. He fet treballar les meves finques, que ja en tenia prou, i tinc una mica de bestiar, perquè lo capital en sang te fa patir, però dóna. —És expressiu això de «lo capital en sang» referit a la ramaderia. Penso que aquest home també ha estat un capital en sang, que ha fet patir però ha donat. —I ara em trobo bé de salut, i sóc feliç. —Mou el cap—. Si els he de ser franc, però, no sóc el mateix des que se'm va morir la dona. Em trobo massa sol. Encara que visc amb un fill i la jove em tracta molt bé... Perdonin! Me n'he d'anar! Em toca menjar cada cinc hores, m'ho ha dit el metge, puré i peix bullit. Sempre. —S'aixeca—. Ja són les set i la jove m'ho té a punt.

Saluda atentament i se'n va amb passes lleugeres.

Les set, doncs, i el municipal encara no ha comparegut. Però no triga massa. Entra al bar un home alt, ben plantat, jove però amb el cabell una mica gris, i encara que no duu l'uniforme endevinem que és el municipal. El cafeter ens assenyala i jo m'hi acosto per exposar-li el cas.

Escolta, seriós però atent, i diu que és cert que té una casa on no hi viu ningú, però que és vella i no té gaires condicions. Ens és igual, no som pas uns exigents barcelonins de cotxe. Que si ens hi conformem, d'acord. Ja voldríem anar a deixar-hi les motxilles, i a veure-ho, a tenir la satisfacció de comprovar que efectivament podrem dormir al Torricó, però diu que no hi anem fins a les nou. Ha d'anar a avisar la dona perquè ho deixi una mica més a punt. Moltíssimes gràcies.

Ara ja podem sortir, ja podem anar a voltar una mica pel poble.

El punt

Tamarit va perdre l'ocasió de tenir tren. Una mica més al sud, al Torricó també se li va escapar el ferrocarril que, en el segle passat, marcava la diferència entre la modernització i l'aïllament. Però pel terme del Torricó el tren hi passa, més avall encara, just fregant el límit inferior de la comarca. L'estació és a Melusa, i el rètol diu El Torricó-Tamarit encara que aquestes poblacions es trobin a distància.

El poble del Torricó, si m'he de fiar de l'estil de les construccions, ha crescut cap al sud, com si el ferrocarril llunyà fos l'objectiu. És la part urbana que té més aire de poblat de colonització, com deia abans. Hi ha uns carrers rectes i les cases són més aviat baixes.

A la banda de dalt, en canvi, prop de l'església, El Torricó és un nucli articulat a la manera tradicional. Aviat l'hem passejat i repassejat, sense topar-nos gairebé amb ningú. La realitat continua desmentint la imatge que jo m'havia fet d'un Torricó més aviat amb poc caràcter històric però amb un batec de carrer, i comercial, propi d'una petita capital del regadiu. Segur que hi ha gent que fa diners, aquí, però els signes externs de la prosperitat no són massa visibles. Jo m'havia deixat enganyar pel que havia llegit en algun llibre encomiàstic. És cert que El Torricó serà, fora de Tamarit, l'únic poble de la Llitera on veuré un rètol que digui Restaurant. I una perruqueria. I que ja hi he trobat dos cafès. I té farmàcia. El farmacèutic, sense feina, s'està a la porta. Hi entrem a comprar.

Després, des del carrer, contemplem l'església i ens adonem que dalt del campanar hi ha un gran niu. Un niu de cigonya.

—Ja fa anys que hi ve —diu el farmacèutic.

—Cada any?

—Cada any. I aquest matí encara hi era.

Per on deu volar, ara, la cigonya? Tornarà abans que es faci fosc, segur, tornarà a la seva casa penjada en el campanar. Penso que la cigonya, la Isabel i jo som els únics forasters, avui, al Torricó, però els autèntics ocells de pas som nosaltres.

La volta al poble antic s'acaba al cap de poca estona i tornem cap a la plaça on hi ha el bar Ariño, a esperar que siguin les nou i el municipal ens ensenyi on té la casa.

Ara, com que el sol ja ha baixat, hi ha cinc o sis

homes asseguts a fora, asseguts a les taules del cafè, sota una vela. Nosaltres també ens hi instal·lem.

I aleshores veig que arriba el jugador de les mans fines. Torna de casa després de l'àpat de les set. Saluda, seu al meu costat i pregunta:

—Què, ja han trobat el municipal?

—Sí, sembla que tot està arreglat.

—Jo no m'hi he volgut ficar, però si no haguessin trobat on dormir els hauria dit si volien venir a casa.

—Moltes gràcies.

—És una casa molt maca, miri, des d'aquí es veu.
—Efectivament, és una casa gran, polida. —Vaig tirar a terra la vella i la vaig fer nova.

Penso que és el moment de confessar-li que m'esperava un Torricó més animat, perquè aquí deuen córrer diners.

—Sí, aquí hi ha quatre o cinc firmes que mouen molts milions. Molts. Però jo penso que això va cap avall. És veritat que el poble va prosperar, però jo ho veig malament. Miri, el dia que es va inventar la pólvora es van acabar els valents, m'entén?

Li entenc la frase: amb una pistola a la mà tothom es podia sentir valent, però no sé on vol a anar a parar.

—Va arribar un moment que es van pensar que era fàcil, guanyar diners i viure bé. Al Torricó, hi ha més matrícules que persones. I a més, ha arribat el vici.

—El vici?

—La gasolina. La gasolina és el vici, perquè ara se'n van d'aquí, gasten, juguen...

Vol dir juguen i perden, és clar. Ell era un professional del guany.

Passa un home i com si pensés el mateix que està pensant el vellet, diu a un altre home que seu a la taula del costat:

—Que puta la passarem!

—No —li contesta— si Déu mos fa cas.

—Si ha de fer cas a tothom...

El meu amic reprèn la seva explicació:

—Això ja no creixerà, al contrari. Qui es pot fer una casa, ara. Sap què cobra un paleta? Ara cobra un jornal que és més car que dos vagons de blat quan jo era jove.

—Què valia, llavors, un vagó de blat.

—Quatre mil pessetes —diu, ràpid. —Faci números. Demanen molt però no saben quants centímetres té un metre.

—Però tota la Llitera es va despoblant, i jo creia que El Torricó...

—Miri, li donaré una informació que no falla. Sap quantes persones es van morir, en aquest poble, l'any passat? Trenta-dues. I sap quantes criatures van néixer?

He d'esperar. Aquest home vell té un sorprenent domini de la paraula, deu conservar tot el rigor del cervell.

—Tres. Només en van néixer tres. Ja ho veu. —Els llavis prims somriuen, amb ironia, quan afegeix: —Aquest any diuen que en naixeran cinc. És fàcil saber-ho, les dones s'ho parlen, això, em comprèn?

Aleshores una nena petita, rossa, molt bonica, s'acosta al vellet, a saludar-lo i fer-li un petó. I se'n torna.

—És una néta.

Li dic que és una nena que camina amb molta gràcia, i amb elegància, molt dreta.

—La meva dona caminava igual. Quan jo la veia sortir de missa i tombar la cantonada, li deia: «Noia, cauràs d'esquena!».

Hi ha una llarga pausa. Li dic que s'hi està bé, aquí,

en aquestes taules del bar Ariño. Sentencia una evidència:

—És el punt.

Sí, és el punt del Torricó. El punt on compareix el municipal, que ens fa un senyal.

Ens porta cap a la casa, que és a poques passes. La porta, de fusta, és gruixuda i irregular, per dalt queda un espai obert. «Demà, quan marxin, tanquin la porta i llencin la clau per aquí dalt. Jo ja en tinc una altra».

Instal·lar-se en una casa sencera, encara que sigui vella, és un luxe. Podrem rentar la roba i estendre-la a l'aire lliure, en un terrat que dóna al darrera. Però ara cal deixar-hi les motxilles, només, saber on són els interruptors i, amb les mans a les butxaques, finalment habitants del Torricó, anar a descobrir on es pot sopar.

Havíem vist un rètol que deia Restaurant, i encara que al bar Ariño potser ens farien alguna cosa volem canviar. A més, després d'un dia tan ple d'interrogants, sopar en un restaurant oficialment reconegut ha de ser satisfactori. Hi ha una dona asseguda a la porta, i veiem que el dins és fosc.

—Està tancat —ens diu.

—Tancat?

—Sí, fem vacances.

—I on podem sopar?

—Vagin a can Sinén.

És una mica més amunt, l'havíem vist tot passejant, però ens semblava un bar. I ho diu, bar Sinén, però quan demanem per sopar no se n'estranyen gens. Al fons hi ha un menjador, i una taula ja ocupada per sis homes.

Hi sopem força bé, perquè són matèries senzilles però de debò. Els tomàquets són frescos i la ceba és dolça. Després el primer plat calent del dia, el xai —el corder— amb all-i-oli. Un all-i-oli gens enfarfegós i gustosíssim, ben singular, perquè no és altra cosa que un fons d'oli espès en el qual hi ha petits trossets d'all trinxat.

Els de la taula del fons demanen més cargols. Aquí se'n deuen fer molts, de cargols, potser pel rec i la humitat dels camps.

Tot funciona, doncs. El viatge funciona. Només és la primera jornada. Sense haver-lo de fer, sé que el balanç és favorable. Sé, una vegada més, que anant a peu allò que passa, i quantes coses passen en un dia, és el que ha de passar.

Anem a prendre un cafè a la plaça d'abans, que ja és la plaça de sempre. És una nit quieta d'agost. A la casa del davant, una casa antiga de poble, una mica escrostonada, hi ha un gos en una finestra, les cames penjant enfora, mirant els homes que seuen a les taules del bar, al mig de la plaça del Torricó.

4
DEL TORRICÓ A SANT ESTEVE

Sortim acompanyats

Al bar Ariño encara no va la cafetera. Anem al Sinén, on vam sopar ahir. Aquí sí. Esmorzem truita i pa amb tomàquet —la frontera del pa amb tomàquet deu passar més enllà— un vas d'aigua i un cafè. Omplim la cantimplora i recollim els quatre préssecs.

Preguntem on podem agafar el camí que, seguint el canal de la Mola, ens portarà a Sant Esteve de Llitera. Si és que les coses són com creiem, o com es dedueix del petit mapa que porto.

Un home ens diu que sí. Que canal de la Mola amunt, trobarem després el d'Aragó i Catalunya, i farem cap a una carretera que passa per Sant Esteve.

Com que no hi ha carretera directa del Torricó a Sant Esteve, penso que és bon camí, i força segur.

L'home torna a dir que sí, però que també hi podríem anar pel Gaió. El Gaió és un poble del terme del Torricó que jo, no sé perquè, creia que estava abandonat, però em diu que no. Em tempta dient-me que el paisatge és més distret que no pas seguint el canal, però el que em convenç més és la possibilitat d'acostar-se a un poble.

Tornem a la casa que ens ha deixat el municipal, a recollir les motxilles. En passar altra vegada —s'hi podria deixar de passar?— per davant del bar Ariño, hi veiem l'ex-jugador de vuitanta-sis anys, que no sé si s'hi passa el dia o no vol perdre'ns de petja mentre siguem al Torricó. Ahir la seva expressivitat era més aviat continguda i un pèl irònica, però ara se'ns atansa amb un somriure obert, està content de veure'ns.

I pot confirmar, ara, que el nostre joc és net: efectivament anem a peu.

—Si no els sap greu els acompanyaré una mica. Vaig a visitar una granja que tinc a la sortida del poble.

Camina força àgil, i li ho dic.

—Camino bastant, sí. Després de la granja aniré a veure una altra finca, jo ja no hi faig res, però m'agrada vigilar com van, les coses, i sempre pots donar un consell. I cap al migdia m'arribaré a l'oficina.

—A l'oficina?

Somriu:

—Al cafè.

Passem pel costat d'una casa molt gran, de maó vist, deu ser feta de no fa gaire. Té alguna cosa de fortalesa.

—No veu que té totes les finestres tapades? —m'avisa el vellet. És veritat i és curiós.— Hi ha qui diu que és de l'Opus, però jo no m'ho crec! Però que és una mica estrany, sí, jo un dia vaig veure com hi entraven seixanta matalassos.

Caram, aquí sí que no hauríem tingut cap problema per dormir. Trobem els primers arbres fruiters. Ens diu que el préssec el paguen a quaranta o quaranta-cinc pessetes el quilo. «Al cafè hem sentit un home que explicava que els havia venut a seixanta... Potser es feia veure.» «Home, ja podria ser, han de ser de primera.» En passar per davant d'unes pereres ens fa saber: «Aquesta és la blanquilla, que encara està per collir. De llimonera ja no en veuran, o molt poca, perquè ja l'han collit gairebé tota».

S'atura davant d'un camí, al fons es veuen uns edificis.

—Els deixo aquí, això és la granja. Jo em dic Lumbierres. —Els ullets se li fan una mica més astuts quan afegeix: —Jo sóc una mica detectiu, no sé si ho saben. Sempre m'ha agradat tenir informació de la gent del poble. Si vostès es quedessin aquí, i ens haguéssim de continuar veient, ja miraria de saber alguna cosa de vostès.

Allarga una mà, jo també, i mentre me la té agafada pregunta:

—Però encara no m'han dit d'on són, vostès!

Té un somriure que sembla que vulgui dir: «Això no pot ser!».

Jo també somric:

—De Barcelona.

—M'ho pensava.

Li agraïm la companyia. Qui n'ha fet més a qui, qui ha estat més sorpresa per a l'altre?

Veiem com s'allunya, amb pas seguit, pel camí de la granja.

Ens quedem sols, avançant pel nostre, i de sobte sentim l'escalfor del sol a l'esquena.

El Gaió

Passem pel costat del cementiri, com ens havien avisat. El camí sembla clar, són camins més marcats i amb menys dubtoses alternatives que els que tan sovint ens desconcertaven, l'any passat, a la Terra Alta. Només haurem de tenir en compte, una mica més amunt, quan es bifurcarà en dos de pràcticament iguals, agafar el brancal de la dreta.

Hi ha molts fruiterars, i de tant en tant se sent una remor d'aigua en el silenci del matí, i és que els camps estan travessats per petites sèquies, de les quals sovint només es veu el desguàs, que és el punt on l'aigua sona. També hi ha blat de moro, i alguna extensa plantació de gira-sols, d'un groc acarabassat i intens, que fa venir la suor. A més, és clar, de l'esforç d'algunes pujades, perquè encara que ho faci discretament el camí va pujant.

Per primera vegada veig camps regats per una instal·lació d'aspersors.

Veiem baixar una dona en bicicleta. Seguim sempre la norma de caminar per l'esquerra, com imposa la seguretat, i la dona, que s'acosta cap a nosaltres, de cara, triga a desviar-se. Quan la tenim molt a prop no tenim més remei que apartar-nos al marge. Quan la veiem passar, insegura, tenim el dubte de si sabia girar.

L'aparició de la dona en bicicleta em fa pensar que El Gaió no deu ser gaire lluny. És visible després de la pujada. Hi podríem fer una petita parada.

A l'entrada hi ha un cotxe que deu haver-se espatllat, perquè un home remena el motor. Saludem. Mira com passem, amb passa tranquil·la però constant, les petites motxilles a l'esquena, i la mirada que ha fixat en nosaltres no sé si té una guspira d'ironia o d'enveja, i potser tot barrejat. Es necessita humor per anar a peu sota aquest sol. Però l'humor no ens l'esguerrarà cap problema de mecànica.

Veiem un cafè, a la carretera, però ja que som aquí ens agradaria trobar un indret més tradicional i arraconat. La plaça és a prop, amb una església de maó; no massa gran, d'aspecte poc pretensiós. No s'hi veu cap moviment, a la plaça. Hi ha una porta que sembla d'un cafè, però està tancada. Potser és el que han traslladat a la carretera, que és on hem d'anar a parar, renunciant a l'ideal, si volem —i ho volem— beure aigua fresca.

Ens la serveix una dona. El local és més aviat estret i allargat, i sembla acabat de fer o reformat. Pel Gaió no hi deu passar gaire gent, però hem vist que hi ha molt regadiu, per tant alguns diners i la capacitat de modernització vol dir poder instal·lar-se en la carretera. I instal·lar al bar un aparell d'alta fidelitat.

Primer ens hem espantat, perquè en el bar feia calor però almenys hi havia un ambient tranquil, i a mig beure l'aigua m'he ennuegat: s'ha posat a sonar, de cop, un estrèpit terrible, una música a tot volum. La dona ha cridat «massa fort!» a no sé qui. Però l'eixordament ha continuat ben bé un minut. De sobte, el silenci. Al cap d'una estona s'ha sentit, com nascuda per art de màgia, una música agradable i, bruscament, altra vegada a la màxima potència. «No ho pots baixar?» ha tornat a demanar la dona, encara no sé a qui.

Finalment, el so s'ha estabilitzat en un nivell normal. Aleshores ha sortit algú de sota el taulell, un noi que fins ara no havíem vist. «Per provar-lo l'he de posar fort», ha dit. «I ara va bé?» «Va bé. Vingui, que li ensenyaré com funciona». «A mi?» El noi s'ha impacientat: «No vindré cada dia a posar-lo en marxa!»

Té raó. Sobre el taulell hi ha una caixa buida, d'on han tret el Pionneer que estrenen en aquest moment. Escoltem una mica de música, però no és cosa de mandrejar, que ens espera una llarga tirada.

Cap a la serra de la Gessa

El camí que, si no hi ha res de nou, ens ha de dur del Gaió a Sant Esteve és ample i ple de pols. A la Llitera no ha plogut des de fa mesos, i es nota. Travessem una sèquia, aquí també en diuen la Secundària. És la mateixa d'ahir, que circula per tota la baixa Llitera, o hi ha moltes secundàries? Potser donen aquest nom a tot el que no és el canal principal, el d'Aragó i Catalunya?

El camí s'enfila a poc a poc i passem entre bastantes granges de porcs i de vaques. La ferum és forta en aquest matí d'agost. Al cap de bastanta estona veiem, molt lluny, un camió que circula de dreta a esquerra per una carretera encara invisible. Allà hi deu haver la carretera de Tamarit a Binèfar. Com que anem pujant, hi ha un moment que a l'esquerra s'obre una plana i al fons hi veiem Binèfar, que en comparació amb el que hem conegut fins ara té dimensions de ciutat, amb edificis alts.

Més camps de gira-sols, que davant d'un sol tan excessiu més que girar-s'hi de cara sembla que acoten el cap, com si estiguessin fatigats de representar un paper massa dur.

Dues pujades més i arribem a la carretera. L'hem de travessar i continuar amunt, pel camí que comença al marge oposat. La visió de la carretera asfaltada significa uns instants de connexió amb el món evolucionat, el món on la velocitat és possible i el viatge no es compta per hores sinó per quilòmetres.

Passem a l'altra banda, on hi ha un gran arbre que sembla ombrívol. És una esplèndida noguera, de capçada voluminosa i harmònica, de fullam dens. Un oasi de frescor en l'apoteosi del migdia. Deixem les motxilles a terra, sec amb l'esquena contra el tronc de l'arbre i menjo un préssec sucós, dolç, boníssim.

Se sent una música. Hi ha un tractor que feineja molt a prop i el noi que el duu escolta la ràdio. És una música de discoteca, que s'acosta i s'allunya juntament amb el tractor. Passa, a l'ombra de la noguera, un aire tonificant. Des de dins del cercle d'ombra, el paisatge que ens espera cap al nord sembla destenyit de tant de sol, com una fotografia cremada, i el camí es veu pelat.

És el camí de Sant Esteve, i quan l'emprenem ens adonem que no és un camí de Nadal, un caminet bucòlic de pessebre, sinó aspre i polsós. Puja, planeja, torna a pujar, i el paisatge cada vegada és més de secà, i em deixaria seduir pel seu caràcter si el sol no fos tan alt. El contrast és dur: de tant en tant es veu Binèfar, allà baix, al mig d'una plana verdejant.

La marxa es fa sufocant i contemplem com, al davant nostre, es va acostant molt a poc a poc la serra de la Gessa, l'alineació muntanyosa que ahir al migdia vam deixar enrere, sortint d'Albelda, i que aquí, ara, es veu igualment desèrtica. Quan hem avançat més, al peu de la serra es distingeix una prima ratlla fosca, una franja de vegetació, que deu ser conseqüència del canal; però abans d'arribar-hi caldrà fer uns quants quilòmetres de terra eixuta.

Descansem sota uns arbres, on una mica d'ombra és com una dutxa, i altra vegada el camí assolellat. Travessem el canal dues vegades, i finalment arribem a la carretera que ve de Binèfar cap a Sant Esteve. Un pont, una mena d'arcada gairebé triomfal, passa d'una banda a l'altra de la carretera, i per damunt del pont circula l'aigua del canal. Deu faltar un quilòmetre per Sant Esteve.

Agafem el trencall que hi entra, costa amunt.

5
SANT ESTEVE DE LLITERA

Un cop d'ull

D'entrada ja es veu que Sant Esteve de Llitera és un poble més de debò, més sedimentat en el temps, que El Torricó. Tot pujant veig algunes cases de fang. Pregunto a una dona si hi ha fonda, i on és, i em diu que continuï amunt, a la dreta. M'assenyala una porta però quan hi sóc al davant no ho veig clar, perquè és una entrada amb trastos diversos i a més està molt fosc. Al fons sembla que hi ha una escala.

Escala amunt s'arriba a un pis, que té l'aire d'una casa particular, plena de mobles i records de família. Ens deuen haver sentit pujar, perquè apareix una dona, encara jove. Sí, podrem dinar i quedar-nos a dormir. Les habitacions són al pis de dalt, que és on també dormen els de la casa, però el lavabo és aquí on som ara, on hi ha també la sala d'estar, la cuina i un menjador amb tres o quatre taules. Al fons del menjador s'endevina una eixida amb moltes plantes.

La dona és amable i parladora, decidida. Troba molt bé que anem a donar un cop d'ull al poble mentre ens prepara el dinar. Si ens agrada, anirà a comprar corder. Ens agrada. I l'ha d'anar a comprar perquè no suposava que avui hi hagués cap client, aquí.

Al capdamunt del carrer, a quatre passes, ja hi ha la plaça, amb l'església i un cafè. L'església, que em sembla neoclàssica, és molt ampla de baix, té una curiosa forma de campana. A la façana hi han clavat una cistella de bàsquet.

Uns guàrdies civils no estan de gaire bon humor, gesticulen al voltant d'un cotxe. Té una roda reventada. Caram, al Gaió, aquest matí, també hem vist un cotxe espatllat. Els camins de la Llitera no són gaire clements.

Fa calor. A partir d'aquí comença la muntanya de la Llitera, i qui sap si suarem més o menys. La Isabel identifica immediatament uns nens que sembla que venen d'una piscina. N'hi ha, efectivament, als afores. Pregunta on podria comprar un vestit de bany i li diuen la botiga, la botiga de l'Eulàlia, i hi entra mentre jo sec al cafè, demano aigües i poso sobre la taula —hi ha tres taules, a fora— el bolígraf i el bloc de notes. Quan torna m'explica que no tenen cap vestit de bany, la dona li ha dit que abans n'havia tingut, però que sempre els trobaven passats de moda i no en venia cap. De manera que fora.

Sobre la porta del cafè hi ha un text que diu: «Edificio reconstruido en 1984 por la Sociedad de Cazadores de San Esteban de Litera y el Coto de Caza de San Roque. Propiedad de la Cámara Agraria Local». La dona i l'home del bar parlen entre ells en castellà, però amb nosaltres ella s'ha passat al català, que és la seva llengua. Hi ha poc moviment de gent, en aquesta hora. No sé si en alguna d'aquestes cases del poble s'amaga, protegint-se de la calor, el senyor Viudas, que és nascut aquí, però si hi fos tampoc no aniria a trucar a la seva porta, tot i que deu ser una persona interessant, perquè és catedràtic a la Universitat de Càceres i estudiós de dialectologia. Antonio Viudas Camarassa valora molt el castuo —l'extremeny— i ha publicat diversos textos sobre la parla popular de la Llitera. En la seva opinió, la parla de Llitera pertany a una de les varietats del dialecte ribagorçà. Però el lector dels meus viatges a peu ja sap que no hi vinc a empaitar ningú ni a forçar res, sinó al contrari: hi vinc a ser emotivament forçat per la vida que flueix espontàniament al meu voltant. No fabrico el que vull que passi en aquests llibres, només narro el que passa pel camí de les hores viscudes.

Perquè de tant en tant és bo per a mi, penso —i no sé si també per a d'altres escriptors— exercir la malícia de l'ofici al servei de la ingenuïtat, recuperable, de l'home. Ingenu, en dret romà, volia dir «nascut lliure». Renéixer, doncs, en el camí i en els pobles, davant dels arbres i els homes, a la llibertat de mirar sense haver d'interrogar-se, a la llibertat d'escriure sense haver de consultar. Deu ser per alimentar aquesta difícil innocència que a la fonda m'han donat, per postres, un *cremosín* de vainilla que és «ideal para el consumo infantil». Abans, però, ho confeso, una amanida *cum laude,* un corder de doctorat i unes patates fregides amb la perfecció de l'alta cultura de l'oli.

Mentre dinàvem, a les tres en punt s'ha engegat una escandalosa sirena. Que jo sàpiga, a Sant Esteve no hi ha indústria, i menys una gran fàbrica. A més, avui dia les sirenes fabrils ja no sonen. La mestressa de la fonda m'ho explica: és una sirena que sona quatre vegades al dia, a les nou, a la una, a les tres i a les set. No pas per convocar obrers. Un senyor la va regalar al poble. Ha substituït les campanades de l'església. Sant Esteve, màrtir, els hagi perdonat.

El Maño de les piscines

Després de dinar, i de prendre cafè al *Rincón del Cazador,* anem a descobrir la piscina. Cal travessar el poble, cap al nord, i seguir un camí paral·lel a la carretera que va a Peralta de la Sal. En un espai estret de la vall, en una petita plana amb arbres, hi ha la piscina, en un recinte que duu aquest rètol: *Parque Municipal El Prado.*

A l'entrada hi ha un dependència que fa de bar i on es venen els tickets i es comproven els abonaments. La dona de la fonda ha deixat a la Isabel un vestit de bany, però jo em quedo a fora, a seure en una taula, a l'ombra, que hi ha tocant al taulell. Hi ha força gent, a dins, banyant-se i al voltant de les dues piscines, la gran i la dels petits. Es podria creure que és un espai d'un poble d'estiueig ple de vida.

—És que hi ve molta gent de fora, també —m'explica l'encarregat. —Gent de Peralta i de la comarca, però fins i tot de més lluny, perquè no hi ha cap lloc com aquest.

És un estusiasta d'aquestes instal·lacions i del petit oasi que les envolta.

—Això ho va fer un capellà, ja fa vint anys.

—Vostè ja hi era?

—No, ho porto des de l'any passat. Jo no sóc d'aquí, sóc de Saragossa, però estic casat amb una de Sant Esteve. I a més, fins no fa gaire vivia a Alemanya. Vint-i-cinc anys, hi he estat. —Un noi li demana una entrada i ell, perquè jo ho vegi, li diu el preu en alemany: —*Ein hundert fünf und zwanzig.* Jo treballava a la Mauser.

Jo sóc dels temps en què un mauser era sinònim de fusell. Però m'ho aclareix:

—Fabricàvem instruments de precisió. Un dia em van operar, pero ho van fer malament, ja veu. I vaig tornar fa quatre anys. Els fills han estudiat en alemany, i ara un d'ells entrarà a la universitat, aquí.

Un home que s'estava recolzat al taulell li diu:

—Però tu parles català?

El Maño —a l'encarregat hi ha qui el crida així, Maño!— li contesta:

—No sé per què t'estranyes. Parlo llengües que són molt més difícils.

La seva llengua és el castellà, però amb mi parla un català força natural, i a més hi posa voluntat. És un home obert, capaç, que sap tractar tothom. Diu que l'any passat, per obtenir aquesta concessió, només es va presentar la seva sol·licitud. Potser perquè abans havia anat molt malament.

—I ara miri. Miri la gent que hi ve. Hi fem festes i tot, en aquesta explanada, i el recinte està netíssim. Ja ha vist la gespa i tot el terreny al voltant de les piscines? Ni un paper a terra. Si t'ho proposes, i ho fas entendre a la gent, no hi ha cap problema. —M'ensenya el llibre-registre oficial, on es fa constar cada dia el ph i el clor.

Va entrant gent. El Maño és molt simpàtic amb els nens i les nenes: «Chico, ¿no saludas?» Tinc la impressió que ha creat un model de convivència amable i franca. M'adono que sap molts noms de banyistes, i no es limita a cobrar i a donar la clau. Perquè a més dels vestidors hi ha una colla d'armariets per guardar-hi la roba. Té a l'abast de la mà un plafó on pengen dotzenes de clauetes, que reparteix segons l'alçada dels clients. «Tu ja pots agafar-ne un de dalt, oi?». A vegades un nen petit li demana: «un que sigui baixet». «Té. L'any que ve ja et tocarà un de més amunt, Carlitos».

Els de la piscina s'hi acosten des de l'altra banda per demanar-li refrescos o gelats. No para. Descobreix que m'he fixat en un nen negre, d'ulls espavilats, que va amb una colla. «És un nen de Boston, ha vingut aquí en un intercanvi.» Quins mons tan diferents, Boston i la Llitera! Però potser només me'n sorprenc jo. Els nens no se sorprenen de res.

Quan té una pausa, el Maño me la dedica, jo també m'he recolzat al taulell per estar-hi més a prop.

—Els estrangers que passen per aquí es queden admirats, cregui'm. Un poble tan petit, i això tan bé, tan net. De dia ja ho veu, i de nit... —Es gira a un conegut, que s'està bevent una cervesa: —Esto, de noche, se pone igual que Hawai, tío!

Diu que a Sant Esteve hi ha molta gent de Barcelona i de Sabadell, a l'estiu. De Sabadell? Sí, van venir els primers, s'ho van dir els uns als altres, i ja ni ha una colla. De Sabadell, sí.

M'he adonat que molts nens demanen un gelat que es diu Mikolápiz. Li pregunto per què té tant d'èxit, aquest gelat.

—Pel premi.

Té premi? Quan la Isabel surt de la piscina, li explico aquesta demanadissa de Mikolápiz i en demanem un. Està prou bé. Però com se sap si té premi? El Maño mira unes lletres que apareixen, per dins, a la base de plàstic del gelat. «Aquí ho diu, que té premi. Els que no en tenen no diuen res. Li ha tocat!»

Vaja! «I en surten molts, de premiats?» «No ho sé, potser dos o tres per caixa.» «I en què consisteix, el premi?». «En un altre gelat.»

El treu de la nevera i ens el dóna.

—Gràcies, però no en volem més —i se m'acudeix de dir—: Per què no se'l menja vostè?

El Maño no dubta ni un instant a acceptar-lo. El desembolica, i abans de dur-se'l a la boca confessa:

—Vol que li digui una cosa? Encara no n'havia provat cap.

Al mirador històric

El sol ja ha baixat una mica i decidim pujar al castell.

Sant Esteve de Llitera està voltat de muntanyes, alineacions de la serra de la Gessa que normalment són arrodonides i que si semblen altes és perquè s'alcen a tocar mateix del poble, que queda enclotat. En un d'aquests puigs, un dels drets i esquerps, hi havia el castell de Sant Esteve, del qual avui no en queda gairebé res. Però la vista ha de ser àmplia i bonica. El camí comença al carrer Obago, que és un nom popular que no enganya sobre la llengua del poble, i aviat fa zigues-zagues bastant pendents, però curtes, pel vessant nord. Sembla que l'antic poble s'arrapava a aquesta muntanya, però ara el veig instal·lat al fons de la vall.

En pocs minuts s'arriba a dalt. Al cim hi ha el que resta del castell, una mena de torre quadrada, no gaire alta, que és poca cosa més que un dau amb un portal en una de les cares. Era l'entrada a la capella romànica del castell.

Em fa respecte trepitjar aquest cim, perquè el castell de Sant Esteve de Llitera va ser una peça històrica en la conquesta cristiana d'aquests territoris, però sobretot perquè hi devien pujar personatges notables, i qui sap si el mateix Alfons el Bataller, rei d'Aragó i comte de Ribagorça, que el va conquistar el 1107. També consta que el rei Alfons el Cast va fer estada a Sant Esteve l'any 1174. Del castell no en queda pràcticament res, però aquest sol espetegant no pot amagar velles ombres, i l'evocació dels personatges que es movien per aquí fa vuit-cents anys, i veien aquest mateix paisatge, em fa venir una esgarrifança.

Una mica més enllà hi ha un Sagrat Cor, i a terra una sèrie de rajoles, algunes trencades, que deuen haver caigut del sòcol de la imatge. Les rajoles duen la data 1959 i algú s'ha molestat a ordenar-les, a terra mateix, de manera que la pregària que hi ha inscrita es pugui llegir sense gaire díficultat.

D'aquí dalt estant, la vista és absolutament circular, i esplèndida. Cap al sud es veu Binèfar, i la carretera travessada pels arcs de l'aqüeducte del canal. Més enllà, ja una mica desdibuixat pel contrasol i la distància, el camí de terra pel qual hem vingut des del Torricó. És inevitable pensar «érem allà baix», i que no fa tant com això, i comprovar que ja és una història passada —la del vellet del Torricó que ens ha acompanyat una estona, el descans al Gaió, el préssec menjat sota la noguera...— encara que sigui d'avui mateix.

No és un paisatge de postal, sinó aquella mena de paisatge de colors sobris i masses concretes: la taca verd fosc del grup d'alzines, el verd clar d'algunes hortes, i arreu, com si fos la matèria bàsica sobre la qual descansen totes les altres, els amples camps ja segats, els extensos rostolls que matisen el groc o el carabassa segons la posició del sol.

Als peus d'aquest mirador natural hi ha les teulades velles de Sant Esteve, que gairebé es confonen amb els turons de l'altra banda. I cap al nord, més lluny, un seguit de muntanyes més altes, per on haurem de començar a endinsar-nos demà. Es veu, al fons, un perfil que sembla d'un poble enfilat, un poble que ara no puc identificar, però que un dia d'aquests em veurà arribar.

Camino una mica pel cim, mirant a banda i banda, a dreta i esquerra, perquè és un observatori privilegiat per assimilar la Llitera pels ulls. Des d'aquí dalt es veu ben clara la doble cara de la comarca: des d'aquest balcó, des de la serra de la Gessa cap avall, la baixa Llitera, plana i amb clapes verdejants, terra vivificada pel regadiu. Des d'aquest balcó cap amunt, l'alta Llitera, accidentada i eixuta, que encara no conec però de la qual ja endevino els silencis i les aromes del secà.

I de cop, en la pau d'aquest cim, en el benestar de la contemplació pura de la lenta evolució de la tarda, un estrèpit que esglaia: la sirena! Són les set de la tarda. La sirena torna a sonar. Però sona des d'aquí mateix, l'han instal·lada en la torre que queda de l'antic castell de Sant Esteve! Exactament a quatre passes d'on sóc. Penso que la torre de l'arc romànic s'acabarà esquerdant, però no passa res, i el soroll de la sirena rodola muntanya avall cap al poble, i potser la muntanya del davant ajuda a concentrar-lo. Aquestes condicions acústiques explicarien el curiós costum, equivalent als esquellots, que era tradicional a Sant Esteve: aprofitant aquests turons que envolten el poble, les dones pujaven muntanya amunt, proveïdes d'embuts, i quan es feia fosc començaven un diàleg que arribava a tot el veïnat, que d'això es tractava:

—Sabeu lo que pase?

—Què és lo que pase?

—Que al poble uno se case.

—I qui se case?

—(...) se case.

—Y en qui se case?

—En (...) se case.

A partir d'aquí, el diàleg continuava d'acord amb la gràcia i la malícia de les cridaneres.

Botiga, estanc

Turó avall, recordo que el Maño, l'encarregat de les piscines, m'ha dit que té un cafè al carrer Major, i el trobo en el primer pis d'una casa antiga i gran. No és un cafè popular, hi ha una barra a la moderna en un racó, i ara hi ha poca llum i poca gent, de manera que tornem al carrer. El portal és ample, i si he volgut donar-hi un cop d'ull, a aquesta casa, és perquè el Maño m'ha assegurat que aquestes portes, en tres-cents anys, no s'han tancat mai.

Anem a la botiga de l'Eulàlia, que és, diguem-ne, una merceria ampliada, amb una mica de roba, unes quantes colònies, aquell mosaic d'articles que construeixen el clàssic espai —s'acabarà perdent?— de la «botiga del poble», que al capdavall *botiga,* del grec «apotheke», significa magatzem o dipòsit. Hi comprem una tovallola petita, pel que pugui passar a l'Alta Llitera, on confiem trobar habitació però qui sap amb quin equipament...

Quan justifiquem el tamany de la tovallola perquè no volem dur més embalum ni més pes a la motxilla, la dona ho troba estrany:

—A peu, van? A peu? —Però ho accepta de seguida—: Cadascú fa el que li agrada. Si a vostès els agrada anar a peu... Mirin, a mi en canvi m'agrada la loteria.

—Hi juga?

—A tots els sorteigs, sí senyor. Lo meu és la loteria. En ven i li compro un dècim, el número 25.084.

—És de l'administració de Binèfar, però si els toca poden cobrar-lo a qualsevol lloc. Surt el cinc.

El cinc d'agost. Potser serem a Camporrells.

A la plaça continua havent-hi l'església de façana acampanada, amb la cistella de bàsquet, dues acàcies, el bar amb les tres taules a fora i el banc llarg de ciment, en angle.

Són les vuit del vespre. Hi ha una parella d'homes asseguts al banc, i arriba un tercer, que diu que no vol beure res.

—Ni una copa ni una cervesa —avisa.

—Beu, home! Tant t'aferres a la vida? Com si valgués tant...!

Més amunt hi ha el banc dels joves, amb cinc nois. A l'altre costat de la plaça, set nenes. Me'n vaig a l'estanc amb l'excusa de comprar tabac de pipa.

—Tabac de pipa? Ningú no fuma amb pipa, en aquest poble.

—Ningú?

—Ningú. I vol que li digui una cosa? Mai no hi he vist fumar ningú, amb pipa.

Potser acabo d'ingressar en la història local. Se'l veu una mica desanimat, l'estanquer, i li dic que de tota manera un estanc deu ser una bona cosa...

—Una bona cosa? Miri, jo tinc una cama lesionada des de la guerra, i cobro una pensió. L'estanc? No dóna res.

—Però Sant Esteve és un dels pobles grans de la Llitera.

—És veritat, però tots se fan petits, els que eren

grans també. Aquí abans hi havia mil quatre-cents habitants, i ara només són *ochocientos.* Jo ho he viscut, això. I últimament pitjor. La majoria de la gent és vella, i ara els vells no fumen, els ho han prohibit, o la família els convenç que deixin de fumar, i amb això de les campanyes resulta que molts joves tampoc fumen.

Entra un vell. No cal que demani res. L'estanquer li deixa sobre el taulell quatre paquets de celtas. Noranta-dues pessetes. Se'n va.

—Sap que tinc, jo, de benefici?— em pregunta l'estanquer. —Només un vuit per cent. I d'això paga-ho tot. A vegades ens convoquen els de la Tabacalera, i em fa gràcia que ens tractin com si tots plegats fossim rics gràcies a ells. Home, els estancs de les capitals que venen milions, sí que guanyen diners, però com que a tots ens tracten igual, els d'aquests poblets què hem de fer? Compti, si jo arribo a fer al mes cent mil pessetes, només me'n queden vuit mil. Per vuit mil pessetes val la pena d'aguantar un estanc?

Mou el cap, escèptic.

—Això s'acabarà. Quan dic això vull dir tot, no només l'estanc. Miri, els joves se'n van a treballar a fora, sobretot a Barcelona, però també a Binèfar, que hi ha indústria.

Ho he comprovat sovint: per a la gent de la Llitera, Osca, que és la capital provincial, i Saragossa, que queda lluny, compten molt poc, per no dir gens, des del punt de vista vital. La seva projecció és cap a Catalunya, Lleida una mica, Barcelona sobretot, i dins d'Aragó la immediata Binèfar, i no tant Montsó.

—Una altra cosa que fa pena és veure com, cada dia, un autocar s'emporta els quaranta o cinquanta nens del poble a Binèfar, que és on van a escola. I és clar, les papereries ja s'han instal·lat allà al davant mateix del colegi. Si almenys poguéssim vendre aquí les llibretes que els nens compren allà...

Jo penso, a més, que aquests nens de Sant Esteve deixen de dir bon dia cada dia, i tot el que segueix, perquè a l'escola de Binèfar es parla castellà, però no sé si les meves preocupacions es farien un lloc entre les preocupacions de l'estanquer.

Nit d'estornells

És hora d'anar a sopar a la fonda, perquè havíem quedat a les nou. Ara descobreixo un rètol, petit i antic, façana amunt, que diu Mesón Las Gradas. Quan entro intento mirar-m'ho tot amb uns altres ulls, amb ulls de client de Mesón, però veig la mateixa provisionalitat de l'entrada, més foscor encara, encerto a pujar l'escala a les palpentes i quan arribo al pis no sembla que el sopar sigui imminent. No veig la dona activa que ens ha rebut al migdia.

No sabem on posar-nos ni què fer, però ve d'una altra banda del pis una senyora gran, que deu ser la mare de la noia.

Li fem el compliment dels mobles. N'hi ha que són antics i tenen un cert caràcter, encara que la sala, que està muntada com una sala d'estar privada entre l'escala i el menjador, és una barreja d'objectes i d'estils. La senyora s'ha fet entapissar el sofà però no li ho han fet prou bé, «me'n vaig adonar quan ja havien marxat, i per això poso aquest coixí aquí sobre». Hi ha figuretes i *recuerdos de,* i un televisor dins la llar del foc, però no és que el vulguin cremar, «encara funciona, però com que tenim el de color allà dins...» Allà dins és on se sent alguna veu d'home i on mengen i de fet viuen els amos de la casa.

En un moment donat la senyora ens ofereix si volem sentir *el parte*, i això em porta anys enrere: vol dir el noticiari de televisió. Aquí reben el segon canal en català i TV3, com arreu de la comarca.

El sopar s'ha anat endarrerint. La dona acaba d'arribar, amb unes quantes patates a la mà, perquè ha anat a collir-les a l'hort. Com que les patates fregides del migdia ens havien agradat molt, li havíem demanat que ens fes, per sopar, truita amb patates. Són patates dolces, diu, i m'he adonat que a vegades aquesta C la pronuncien a la castellana. És curiós sentir-los fer amb naturalitat un joc fonètic que a mi em sembla difícil: sinc-zentes. Ni sinc-sentes ni zinc-zentes. Mig i mig i en un instant.

Cap a la plaça a prendre cafè, és clar.

Uns pocs homes del poble, asseguts a les tres taules que el Rincón del Cazador ha tret a la plaça, miren amb curiositat l'espectacle dels forasters. Al llarg banc de ciment, a l'altre costat de l'explanada —ben a prop meu— hi ha unes quantes parelles, i algun avi, que parlen andalús. Ara ho entenc: són la famosa colla de Sabadell que comenta tot Sant Esteve. Gent, suposo, que ha comprat per molts pocs diners una vella casa del poble, se l'ha arreglada al seu aire i ja pot anar a passar les vacances a la seva casa de fora. A Sant Esteve de Llitera han adquirit la desitjada condició d'estiuejants. Veient-los, em faig càrrec que sí, que —com m'ha assegurat el Maño de les piscines— en va venir primer un, ho va dir a un altre i així, perquè treballen en la mateixa indústria, o són del mateix veïnat, o són cunyats o cosins, es va formar la colònia. Se'ls veu, aquí a la plaça, segurs i satisfets, observant com les criatures no paren d'anar amunt i avall.

Perquè l'espectacle que deu sorprendre més els homes del poble és l'ocupació de l'explanada per dues dotzenes de criatures, i la sorpresa segur que és doble: pel nombre i sobretot per l'activitat. Miro aquests nens i aquestes nenes, aquests noiets i aquestes noietes, com s'empaiten, com s'aturen de cop, com es divideixen sobtadament en petits grups, com es reuneixen altre vegada en una gran colla, amb un ritme de xisclets i gestos excitats, peces d'un mecanisme incansable, que s'alimenta de la seva pròpia energia. Hi ha un esverament frenètic i feliç, l'esverament d'estrenar la llibertat de la primera nit de les vacances d'agost.

Per què, tot d'un plegat, tot els nens corren cap al carrer de dalt? Qui ha marcat, sense cridar cap ordre, el nou espai on van a trobar-se? Quin senyal que els adults no sabem captar els fa callar de cop, o posar-se d'acord per començar un joc de persecució, i com han decidit qui havia de ser el perseguit per tothom?

És un misteri que em té meravellat. Com si estés veient la sempre imprevisible i sincrònica evolució d'un vol d'estornells.

6
SANUI

Canal contra la gana

Dijous, tres d'agost. Ens rentem sumàriament i sortim de la fonda sense veure ningú, i això que ja són gairebé les nou. Anem a esmorzar al cafè, que encara és tancat, però al cap d'un moment arriba l'amo. Mengen una mica —mentrestant veiem com obre els finestrons, posa bé les cadires, engega la cafetera— i omplim la cantimplora d'aigua.

Quan sortim a la plaça, les motxilles a l'esquena, tot és desert, en un carrer trobem una persona i tot plegat té un aire de poble mig buit o de poble d'estiuejants que no tenen pressa a llevar-se. Nosaltres constituïm el moviment matinal.

Agafem el camí de Sanui, que primer puja una mica, és el graó de la serra de la Gessa. La deixem enrere, camí del nord, per primera vegada. Abandonem, doncs, la baixa Llitera i el canal. S'han acabat les hortes de regadiu i sense l'aigua el paisatge canvia.

El canal ha estat decisiu per a mig terme de Sant Esteve i per a bona part de les terres de Tamarit, Albelda i el Torricó. I prou que va costar que es fes. L'any 1770 ja començaven els estudis per construir el que se'n deia canal de Tamarit, i ara se'n diu d'Aragó i Catalunya. Diverses societats privades van fer peticions de concessió del canal als successius governs, però el segle XIX no era un segle socialment i políticament tranquil, sinó una cursa d'obstacles.

D'aquells temps hi ha una informació ben xocant. Un dels concessionaris va demanar al govern que li cedís deu mil presidiaris per treballar en les obres... i el ministre n'hi va prometre tres mil, amb la condició que la companyia hauria de pagar els *pluses, la sopa matutina y el vestuario de invierno y de verano.* Això passava el 1858, però els presidiaris no van arribar-hi a anar, el projecte va quedar penjat una vegada més.

L'any 1892 el canal encara no era començat. Qui aleshores presidia la Cámara Agrícola del Alto Aragón era Joaquín Costa, escriptor i polític federalista i preocupat per la reforma agrària. Ja he fet una al·lusió al míting que Costa va pronunciar al passeig de Tamarit el 29 d'octubre d'aquell any. Hi va dir: «*El agua de los canales de riego, económicamente considerada, ni siquiera es agua: es trigo, es carne, es lana, es cáñamo y lino, es frutas; en una palabra, no es agua para apagar la sed, como la de las poblaciones, es agua para matar el hambre*».

Tenia tota la raó, i empenta i traça per dir-la. El míting es va fer famós, i no sé si va influir molt —suposo que d'alguna manera sí— en la resurrecció d'un projecte que portava més de cent anys encallat, però el fet és que, quatre anys després, deixant-se de concessions i tràmits, l'estat se'n va fer càrrec directament.

El poble era escèptic per una llarga experiència d'entrebancs, i es va difondre aquesta jota:

El canal de Tamarite
ni se ha hecho ni se hará,
porque los ricos no quieren
que los pobres coman pan.

Quan van començar finalment les obres, la crítica popular anava per una altra banda:

Canal de Tamarite,
a cuantos vagos mantienes,
unos en las oficinas,
otros por los terraplenes.

La inauguració oficial del canal es va fer el dos de març del 1906 i la va presidir Alfons XIII. No va ser acabat fins tres anys després.

Aquest poble del qual he sortit ara fa poc, Sant Esteve de Llitera, va ser visitat aleshores pel rei. Alfons XIII es va reunir amb setanta convidats oficials i van fer-hi un dinar pantagruèlic —ostres verdes, entremesos, sopa de peix, marisc Infanta, lluç Victòria, salmó, espàrrecs amb salsa verda, llobarro rostit, biscuit gelat, vainilla, pastís reial, pinya americana, fruita variada, vins, licors i tabac— potser per donar la raó a Joaquín Costa, que havia dit que l'aigua del canal serviria *para matar el hambre.* Aquest increïble banquet, a l'aire lliure, va ser servit pel restaurant «Suizo» de Lleida.

L'home del ciclomotor

Avanço, cap a Sanui, per entre uns rostolls daurats i alts, com extenses bateries que carreguen sol, i de tant en tant algunes alzines posen un noble verd fosc en una lleugera ondulació del paisatge.

Però l'aigua ja no hi ha arribat, aquí. I podria haver-n'hi, perquè el terreny encara no és gaire accidentat, la muntanya vindrà al voltant de Sanui. Els turons són monòtonament pelats, i veig, no gaire lluny, un esparver que va dibuixant cercles perfectes a mig aire del serrat, i de cop baixa, depressa, i torna a pujar, i continua voltant, tenaç i espiador. Això ja és l'alta Llitera.

Al cap d'una estona sentim —d'on ve?— un petit soroll continu, sembla un ciclomotor. Mirem amunt i avall i, efectivament, se'n va acostant un, encara lluny, al darrere nostre. Continuem caminant i cada vegada el sentim més a prop. Al cap d'uns minuts passa pel nostre costat, com si res, ens avança sense girar el cap i la Isabel diu:

—No l'has conegut? Era un home que hi havia al nostre costat, al taulell, quan esmorzàvem al bar de Sant Esteve.

Veiem com ell i el seu ciclomotor es van fent petits, en la recta.

—Mira, s'ha aturat!

Uns quants centenars de metres més enllà hi ha un pont que sembla llarg i modern. L'home ha baixat del ciclomotor i s'està mirant el riu, la riera o el que hi hagi sota el pont, recolzat a la barana.

—No creus que ens espera?

—Sí, ens espera.

—Segur que ha sentit al bar com dèiem que anàvem a Sanui.

—I ho vol comprovar.

—Per què?

—Perquè no té res més a fer.

És una explicació molt raonable. Uns forasters amb motxilla, que van a peu, aquest agost... si això no és notícia al bar de Sant Esteve, quina altra n'hi ha?

Gairebé ja som al seu costat. L'home, un moment abans que passem, gira la cara cap a nosaltres, nosaltres diem «bon dia», i ell no mostra cap sorpresa pel fet de veure'ns, pel fet de veure dos caminadors en aquest desert, ni fa senyal d'haver-nos reconegut. Assenyala un lloc on algú ha mogut terres i el que diu sona a justificació:

—No hi veig el Marino, allà baix, ni la pala per treure terra.

Nosaltres tampoc no hi veiem ni el Marino ni la pala per treure terra, ni li hem vist mai ni pensàvem veure-li.

No sé quan ha sortit, ell, del bar, però per l'estona que ha trigat a atrapar-nos deu pensar que hem fet una bona marxa. Li comento que el pont és nou, tot just acabat de fer. Sí, el vell es va enderrocar. Però aquest riu Sosa —ho anuncia un rètol— no duu ni una gota d'aigua, ara.

—Només baixa quan hi ha tormenta. Però encara que no la vegi, d'aigua sí que n'hi ha, aquí. L'aigua passa per *sos*. —M'ha sonat clàssic, aquesta manera de dir sota. —Passa per sos i surt allà baix, veu?, és una aigua molt bona per la pell. Hi ha gent que s'hi va a banyar. Però ja li dic, aquest Sosa ve de Peralta i només baixa si allà hi ha un aiguat.

És un pont enlairat, per la rierada que pugui venir de Peralta, i el llit del riu és de tot de sorra i pols, ara. Ens acomiadem i reprenem la marxa, a bon pas, ja que l'home s'ha fet una imatge tan favorable de nosaltres com a caminadors.

Ell s'hi queda només un minut, al pont.

Ho sospitàvem. Al capdavall ja ens ha vist. Però en comptes de tornar enrere, cap a Sant Esteve, l'home segueix el mateix camí que nosaltres, ens encalça, ens passa altra vegada com abans, i continua carretera enllà, fins que el perdem de vista.

—Potser va a Sanui, a avisar que hi anem.

—Potser sí.

El paisatge, a estones, es tanca una mica a banda i banda. Hi ha algunes muntanyes que semblen més altes. Decidim que no cal arribar a Sanui d'una sola tirada, que si no hi ha res de nou hi serem abans de l'hora de dinar i que per tant serà oportú descansar cinc o deu minuts.

Busquem una ombra, però a la vora mateix de la carretera no n'hi ha cap. Avancem més fins a veure un grup d'alzines, ja una mica marge amunt, i ens hi enfilem. El camí queda gairebé tapat per les branques i la sensació d'aïllament va augmentant. Cap on anem, on esperem arribar? A un poble d'una vall mal comunicada, un poble que no deu tenir tres-cents habitants? El silenci és total, aquí. Anoto al bloc la trobada amb l'home del ciclomotor.

Què hem de fer, no estem cansats, i per tant ens alcem. Em carrego la motxilla, em poso el barret de palla, perquè el sol ja és alt i el camí és despullat, i quan estàvem a punt de deixar la protecció de les alzines i baixar a la carretera sentim un sorollet, un sorollet conegut: el ciclomotor! No ens ha donat temps de treure el cap ni de saludar. L'home del ciclomotor ha passat a pocs metres de nosaltres, sense veure'ns, de retorn a Sant Esteve. No deu entendre per què no ens ha trobat al llarg del camí. Ens havia deixat anant cap a Sanui i resulta que hem desaparegut. M'agradaria sentir què dirà quan arribi al bar de Sant Esteve. A veure si ens pren per uns caminadors màgics, i pensa que, com les aigües del riu de més avall, nosaltres anem a estones per *sos* la carretera i no se'ns pot veure?

No tenim aquest poder, només la capacitat de fer una passa darrera l'altra i amb aquesta tenacitat anar escurçant les distàncies.

Fins que veiem Sanui, al lluny.

Vermut al cafè

Hem d'anar-nos menjant una recta molt llarga, i aviat ens adonem que la carretera no hi va de dret, al poble, sinó que s'orienta cap a l'esquerra. I Sanui desapareix dels nostres ulls. Més endavant veiem què passa: que la carretera busca a l'esquerra l'enllaç amb una altra, que va a Montsó, que no és lluny, perquè som ben bé al límit de ponent de la Llitera. A la dreta, alesshores, hi ha un trencall que duu al poble.

D'entrada fa bon efecte, Sanui, perquè conserva l'aire de poble clàssic, una unitat d'estil. Però quantes d'aquestes cases deuen estar buides?

Preguntem on es pot dinar, i ens indiquen que anem al cafè, que està en un pis. Hi pugem i el cafè és una sala quadrada, amb balcons, i unes persianes verdes tradicionals que filtren una llum agradable. El primer que fem és encarregar el dinar, i ens diuen que sí, sense dir-nos què dinarem. I dormir? No, dormir no, a Sanui no hi ha lloc per dormir. Caram, Sanui és més gran que els altres dos pobles que segueixen, Alins i Calassanç. I a Alins tampoc?... Ui, si a Alins no deuen ser ni vint persones!

No és temps de preocupar-se, ara. En un viatge a peu s'aprèn a pair les coses a poc a poc, i a donar a cada cosa el seu temps. I ara és temps de celebrar l'arribada a Sanui a bona hora fent un vermut. El vermut clàssic de la gent que no té pressa i es vol relaxar.

He trobat un diari i el fullejo mentre pico les olives. Sento que tot això és un luxe, la sala fresca, les olives i les patates fregides, un diari a les mans i les cames estirades sota la taula. És el *Diario del Alto Aragón,* «Periódico Independiente de Huesca». Consulto l'horòscop: pel que fa a la meva salut d'avui, *excelen-*

te. Té raó. I què diu del treball?: *jornada delicada para las cuestiones de tipo profesional: no cometa ningún error.* Ara sí que em té intrigat. Aquest viatge a peu, és una qüestió de tipus professional? Home, la veritat és que penso fer-ne un llibre... però en aquests moments em sento més caminador professional que no pas escriptor professional. És com a caminador, doncs, que la jornada és delicada? Diu que no cometi cap error. De caminada o d'escriptura? D'altra banda, ves quin consell! No cometis cap error... Gràcies, però com sabré que allò que estic a punt de fer, i que em sembla tan encertat, és un error? Si hi ha un error, es descobreix quan ja està fet. Què vol dir, el diari, que em quedi a Sanui o que me'n vagi a Alins, tenint en compte que en cap d'aquests dos pobles podré dormir, segons sembla?

Busco al diari si hi ha alguna notícia sobre la Llitera, perquè dedica dues pàgines a les comarques. Hi ha encapçalaments per a *Ribagorça, Jacetania, La Hoya, Bajo Cinca* i *Somontano,* però no hi ha espai per a la Llitera.

Un cop fet el vermut, i esperant l'hora de dinar, sortim a passejar pel poble.

Passeig amb evocacions

Des de fa vint anys, Sanui i Alins formen un sol municipi, agregació que també s'ha produït en altres llocs a causa del constant despoblament. Sanui havia format part de la Ribagorça fins que es va crear el partit judicial de Tamarit de Llitera, però la influència de Tamarit no arriba gaire fins aquí. Per connectar-hi amb carretera s'ha de fer una gran volta, i en canvi Montsó és a tocar, i encara és més còmode anar a Binèfar o a Barbastre que a la capital de la comarca.

Sanui s'enfila en un turó, l'església a dalt. Al carrer de l'església hi ha una placa: «Al muy Rvdo. Padre José Calasanz y Marqués, provincial de los P.P. Salesianos, mártir por Dios y por España, que en esta calle nació el 23-XI-1872. Azanuy con orgullo dedica. 29-IV-1945».

Jo escric Sanui perquè és la forma que fa servir la Geografia Comarcal de Catalunya i la Gran Enciclopèdia Catalana. Però en un treball del filòleg Joan Coromines he trobat, amb sorpresa, la forma Açanui, i dic amb sorpresa perquè em pensava que Azanuy —que és com ho escriuen aquí, sempre— era una arbitrària castellanització. I veig que l'Enciclopèdia descriu Açanui com a forma utilitzada modernament per a designar Sanui. Modernament? ¿Pot ser tan modern com això, si Coromines és l'única forma que recull? No puc opinar, naturalment, i per respecte als nostres mapes continuaré escrivint Sanui, però quan Coromines parla d'Açanui no cal dir que li respecto no tan sols aquest mot sinó que transcric amb emoció l'entusiasta defensa que fa de la llengua en aquest lloc.

«Voleu saber com parlen a Açanui, que és dels pobles que tenen més fama, en aquestes comarques, de parlar un català que ja tira a aragonès? Doncs escolteu, allí diuen «bona, foc, pot, pedra, cenc» (amb *c* castellana, sí, però res més); allí diuen «nosaltres puiam» i no pas «subimos»; «quan el xic va nàixer»; diuen «pa, blat, anar, res, mateix, fulla». Hi sentiríeu alguna cosa de català arcaic com ara «disnar» per dinar (però no pas comer ni almorzar). Però ells us ensenyaran que una cosa és un muixó i una altra diferent és un aucell (que usen només en el sentit del castellà ave, o sigui com el català clàssic). Podreu sentir-hi alguna forma del llatí vulgar encara viva, com moltos o maitino (però ningú no dirà muchos ni mañana). I no solament us diran veure i ploure, sinó tindre i vindre i fins i tot us semblarà que extremen massa la nota quan els oireu dir voldre i culldre, com si tinguessin punt a apartar-se més del castellà i de l'aragonès, per parlar un català més quintaessenciat o si voleu més extremat, ells que constitueixen l'última avantguarda, la primera línia del catalanesc.

«Si això passa a Açanui, que ja està tan endinsat cap a Aragó...»

Sí, això passa a Sanui, i si algun dia ja no diuen «quan el xic va nàixer» només serà perquè haurà deixat de néixer gent a Sanui... Quina terrible llàstima!

Potser si haguessin tingut el canal... El canal hi havia de passar, per aquestes terres, i fins i tot se'n van fer uns quilòmetres, però al cap d'un temps el traçat va ser rectificat, i Sanui marginat. A Sanui es cantava això:

Diuen que no se ferà
el canal de la Llitera
perquè no vol firmà
el señorito de Codera.

Ai, els señoritos...! L'aigua no ha vingut, aquí, i els señoritos han marxat.

També ha marxat el farmacèutic, segur, perquè miro una casa abandonada, en la qual encara es pot llegir un rètol fet malbé que diu Farmacia, i a la porta un nom, Ferrer, mig esborrat... Hi ha com un vel de teranyines mortes.

Passo pel carrer de Bardines, on descobreixo una

casa antiga, que fa goig. Hi ha una placa a la façana, i m'atanso a llegir-la: «El Ateneo de Zaragoza a José María Castro y Calvo. Junio 1989». Em quedo més de pedra que la casa. Castro y Calvo! No pot ser pas un altre, ha de ser el Castro y Calvo que em va examinar d'Estat, quan jo vaig acabar el batxillerat devia ser l'any 1944!

Han passat quaranta-cinc anys i llegeixo el seu nom aquí, a Sanui, en aquest racó de la Llitera.

En el llibre d'Adell i Montori, del qual parlo en la introducció a aquest viatge, trobo l'explicació. José María Castro y Calvo havia nascut a Saragossa, però va viure part de la seva infantesa i la seva joventut a Sanui, on el seu pare exercia de metge. De vell també hi passava temporades, fins que el 1985 va morir. Castro y Calvo va publicar estudis sobre literatura espanyola i va pertànyer a moltes acadèmies, però si jo el vaig conèixer va ser perquè era catedràtic de literatura a la Universitat de Barcelona. Suposo que en aquesta condició —encara que també va ser degà i vice-rector— el van designar per a formar part del tribunal del temible Examen d'Estat, l'any 1944. La innovació d'aquest examen, que es feia a la Universitat i significava revalidar o suspendre, de cop, els set anys de batxillerat, atemoria els estudiants que, com jo, havíem passat tots els cursos a l'escola d'una manera còmoda i sense estudiar gaire. De fet, l'Examen d'Estat era una arbitrarietat, un joc massa atzarós, i va suspendre'l molta gent, fins i tot gent ben preparada.

Per a mi va ser una experiència que no he oblidat, perquè vaig patir i perquè vaig ser dels que ja van aprovar l'examen el juliol. I al cap de tants anys encara veig davant meu aquell home que m'havia d'examinar de literatura i a qui mai no havia vist abans. Em va fer unes quantes preguntes i tinc la impressió que les meves respostes eren bastant mediocres. Als escolapis jo sempre havia tingut bona nota, però era per les redaccions, i aquí això no comptava. Castro y Calvo era un home gras, de cara rodona, en la qual apareixia de tant en tant un inici de somriure, entre escèptic i benhumorat. Després de fer-me l'última pregunta es va inclinar una mica endavant, des de la seva taula enlairada, un fet que encara afegia més solemnitat a l'Examen d'Estat. I em va dir:

—Vostè no deu pensar dedicar-se a les lletres, suposo.

Vaig tenir l'instint de contestar ràpidament amb una mentida:

—No, no. Jo vull ser químic.

L'instint va funcionar, perquè aquell bon home segur que es va dir: per què he de suspendre aquest noi, per què li he d'esguerrar que pugui entrar a la Universitat, si és un noi que vol fer ciències, pel fet que no sàpiga prou noms i obres de literatura, un tema que no li interessa i que no necessitarà per ser un bon químic?

Em va aprovar.

Anys més tard el vaig veure alguna vegada, de lluny, en algun acte públic. Ell, naturalment, havia oblidat el meu examen i la seva pregunta. Jo no, perquè jo ja em dedicava a les lletres. Potser s'hauria quedat sorprès si li hagués recordat l'anècdota, i encara més si ara em veiés aquí, a Sanui, davant de casa seva, prenent notes per escriure un llibre.

Tan sorprès com jo m'he quedat en saber, gràcies al llibre d'Adell i Montori, que el catedràtic José María Castro y Calvo, que va ser degà a la Universitat de Barcelona, que em va examinar de literatura, tot i haver nascut a Saragossa era un senyor que parlava la llengua de Sanui, apresa al poble. I que fins i tot escrivia coses com aquesta: «Tos els añs, cuan llegaba l'iver, el llugà cambiaba... La chen feba la sembra, si és que el sementero teniba prou saó...»

Confio que el catedràtic que examina els difunts no haurà volgut fastiguejar-lo.

Com si em volgués tornar a la realitat immediata, una sirena omple l'aire del poble. També una sirena aquí, com a Sant Esteve? Pregunto i resulta que aquesta sona a les vuit, a la una, a les quatre i a les vuit. Ho he preguntat a un barceloní que viu tot l'any aquí, a Sanui, la seva dona n'és. Posats a electrificar, no seria millor aplicar-ho a la conservació del toc de les campanes? Però el barceloní que ha arrelat a Sanui té com a tema de conversa l'elogi de Sanui. «Aquí hi ha la millor aigua del món, i natural. A les poblacions grans no se'n podria beure ni una gota si no fos per les depuradores». I té raó. «I l'aire. Aquí l'aire és net, i saludable, no se n'adona?» Me n'adono. S'ha fet, o refet, la casa aquí dalt, al turó de l'església, i diu que és molt millor que estar-se al centre del poble, ell no s'hi estaria, i penso que argumenta com si aquest punt on viu fos la Bonanova i cinquanta metres més avall s'atapeís l'Eixample. Sí que passa aire, aquí dalt, però hi bat el sol i fa calor, i camí del cafè, on hem de dinar, passem pels carrers estrets i ombrejats, una casa plena i una casa buida, un Sanui que s'està abandonant al silenci medieval.

Dinar i fora

El cafè el porta una parella, encara bastant jove. Si he entès bé els noms que es diuen, són l'Alberto i l'Avelina. Ell parla castellà. Penso que és el primer lliterà castellanitzat que veig, però després descobreixo que no és de la Llitera. Tots dos són d'Estadilla, no gaire lluny d'aquí, i no hi han tancat pas la casa. Aquest cafè el tenen des de fa dos anys, i dedueixo que el van agafar perquè es devien quedar sense feina. No sembla que aquest cafè sigui un gran negoci, però Alberto és un home curiós, i es nota que no és un cafeter normal. Xerra amb els clients que compareixen com si formés part d'una tertúlia d'un petit ateneu. En un moment determinat m'ha dit: «Això està bastant mort, és veritat, però aquí tinc més temps per meditar». I afegeix: «I així treballa el cervell».

Darrere el taulell, a la paret, entre les ampolles habituals veig un objecte singular, de fusta, com una bitlla.

—Això és un palistroc? —pregunto.

Ho és. El joc del palistroc, com el joc dels totxets, és un joc tradicional, que la gent sensible de la Llitera s'esforça a conservar. Jo sabia que a Sanui hi havia una Asociación Cultural El Palistroc, i de cop penso que l'hauria de visitar, aquesta associació.

No cal. Alberto em diu que l'associació El Palistroc és això, aquest cafè. Que hi ha una gent que paga una quota i que amb aquests diners fan una festa —potser una festa l'any? Com pot enganyar llegir en un llibre la llista de les entitats culturals de la comarca, quan el lector és barceloní i pensa que trobarà uns locals plens de socis de set a nou... I això no obstant, com cal desitjar que aquest cafè no tanqui, que el massís i bonic palistroc del prestatge no sigui substituit per una ampolla més, que hi hagi algú capaç de pagar una modesta quota amb satisfacció comunitària... El joc del palistroc consisteix a fer caure totes les bitlles menys una. Penso que és un símbol de la voluntat que alguna cosa s'aguanti dreta en aquest poble, en aquesta Llitera.

A la barra, un home fa l'elogi de les platges de Badalona, que és on viu, sobretot admira les dutxes.

Seiem a dinar, vora una de les persianes que donen una llum tan plàcida a aquest cafè de pis. També hi dina un vell, que li diuen el Chela i té vuitanta-dos anys; dos joves que no sé què hi fan, aquí, potser treballen en alguna obra i han vingut a dinar; i un home, a la taula del costat, que es veu més urbà, que explica que ha anat a Binèfar i podria ser, si aquests pobles donessin per tant, perfectament taxista.

Comenten que ahir es va morir l'Esparteñero, que a desgrat del nom era paleta. «Massa feina, feia», diuen els del cafè. «I al noi fuster, ja veieu què li passa». Ho acabo sabent: al noi fuster li passa que té una depressió. Aquí, també a Sanui? Parlen de l'Esparteñero i el suposat taxista intervé amb una cita inesperada: «Como dice la Biblia, dejad que los muertos entierren a los muertos». El vell Chela protesta: «Que estamos comiendo». Però em fa tot l'efecte que el que li passa és que no vol sentir parlar de la mort. El vell s'estima més fer saber que ha vist passar la parella que cada estiu va a instal·lar-se uns quants dies a Gavasa i que ella «es una zagala muy amorosa».

Es nota que l'Aragó que parla castellà és a quatre passes, i la presència de la parella d'Estadilla que s'ha fet càrrec del cafè hi deu influir. Però nosaltres no hem hagut de traduir res, el català tothom l'entén. I sento que un d'aquests homes diu: «Hoy no hace mucha, de calor», amb el *de* i el femení.

La tertúlia s'allarga sense pressa. He acabat descobrint que un dels nois és pagès, i en fa, i insinua que el seu company sí que es guanya la vida. L'al·ludit ho nega. A l'al·ludit el que li agrada, diu, és dormir. Ara hi ha poca feina, aquí. Terra de cereals, terra de secà. Si hagués arribat al canal...

I no ha plogut des de l'abril.

Quan els diem que pensem marxar d'aquí a una estona cap a Alins, perquè a Sanui no hi ha fonda, ens diuen que a Alins no tan sols no hi ha fonda, tampoc, o lloc per dormir, sinó que no hi podrem sopar, i que no hi ha bar ni una sola botiga. Que a Alins només deuen viure, ara, deu o dotze persones.

Però hi anirem, és el nostre camí. Sortirem a les quatre de la tarda, perquè a les quatre obren la botiga de Sanui. Hi som en punt, davant la porta de fusta tancada. Truco amb el puny, discretament però sense esperar, perquè a Alins no convé arribar-hi tard. Comprem un paquet de galetes i quatre plàtans. La dona surt al carrer amb nosaltres i ens acompanya fins que pot indicar-nos on és el camí. «Sempre amunt». Amunt, amunt, fins al poble més incomunicat de la Llitera.

7
ALINS I CALASSANÇ

Balcó solitari

El camí cap a Alins va fent pujades i replans. Aquests replans permeten agafar amb més ànim el graó següent, però segons com també fan que el camí sembli més llarg. Quan el caminant puja sense parar, l'esforç físic és més dur, però la sensació d'unitat de trajecte, si es pot dir així, és mentalment anestèsica. Només es té present arribar a dalt. En canvi, quan es troba un replà una mica llarg hi ha temps de respirar amb més calma, de deslliurar-se de la mecànica exigent de cada passa i de pensar. I el que es pensa és que aviat tocarà una altra pujada. Aquesta consciència de repetició de dificultat deu ser el que psicològicament allarga el camí.

Dominen els camps de blat, amb el contrapunt d'alguns ametllers, que sempre semblen arbres d'estar per casa al costat de les sòlides, compactes, esplèndides alzines.

Ja hem fet força camí, però des d'un revolt enlairat encara es veu Sanui, deixat enrere. Han augmentat els núvols, que de tant en tant tapen el sol. Cada vegada hi ha més mosques, que potser, ara, són senyal de pluja.

A la dreta, lluny, es veu dalt d'un turó una mena de torre, que si no m'equivoco és la Móra, sobre Peralta, ja en una altra vall. I també a la dreta una taca blanca, muntanya amunt, que té l'aire d'un cementiri i una mica més enllà el que podria ser la punta del poble de Calassanç.

Alins no apareix fins després d'una altra pujada, quan ja devem haver fet gairebé set quilòmetres. El camí no hi duu pel fons de la vall, sinó que avança, com fins ara, a mig aire de la muntanya, i hem de fer unes últimes voltes per entrar-hi per dalt.

Alins està situat molt plàsticament, gairebé com un amfiteatre dominant la vall des d'un turó abrupte. Fa impressió acostar-s'hi pensant que és el poble més incomunicat de la Llitera, que potser aquest extraordinari emplaçament —des del punt de vista de l'estètica paisatgística— té la culpa de la seva decadència. Soledat entre muntanyes, això és Alins. El camí que duu a Alins no duu enlloc més. No és camí de pas, sinó una via morta. Que deixa en un poble tan bonic de mirar, si és que pot ser bonic mirar un condemnat.

Un rètol anuncia *Alins del Monte*, que no sé qui s'ho va inventar. A certa distància es veu l'església, que sembla més petita que un gran casalot, una casa de volum i d'aspecte senyorial , que m'agradaria que fos la casa dels Guilleuma. A Sanui m'han parlat de la casa dels Guilleuma, i no ho he entès gaire bé, perquè és cert que en el segle XIV el castell d'Alins —ara enrunat— pertanyia a Guilleuma Ximenes, i passar d'un castell a una casa, al cap dels segles, és curiós, però més estrany encara és que diguin la casa *dels* Guilleuma quan Guilleuma sembla un nom de dona. Com si diguéssim la casa dels Josepa o dels Lluïsa. Si el nom d'aquella senyora s'ha perpetuat així, penso que Guilleuma Ximenes devia ser una dona ben poc corrent.

Arribem a les primeres cases d'Alins, sense haver vist cap moviment humà. Ni cap animal de pagès, tot i la dita popular a la Llitera: Alins, pollins. Entrem per un petit carrer, que és l'eix del poble, i les primeres cases semblen abandonades. Si a Sanui ja no hi havia fonda, com trobarem un lloc per dormir, aquí? Fa pena veure sostres esbotzats, el cel ennuvolat a través dels esvorancs de les velles teulades. Algú hi viu, però. Entre dues cases de façanes ruïnoses, sorprèn de descobrir una finestra, en un pis, que té una cortina i un test al defora.

Una mica més enllà veig dos homes, que s'estan asseguts en un punt on el carrer no té casa que el tanqui, cap al sud; asseguts a terra de cara al paisatge. Un extraordinari panorama sobre els Barrancs, que em sembla que en diuen, la vall que des d'aquí dalt, des d'aquest balcó d'Alins, es veu com baixa cap a Sanui, com una ampla riuada de formes i colors, en successives ondulacions, en una fugida indeturable cap a terres més baixes, més còmodes, més habitables.

Un dels homes s'ha alçat, en veure'ns. Qui arriba a Alins a aquestes hores de la tarda?

Començo preguntant:

—Hi ha alguna botiga, aquí?

—No, no n'hi ha.

Ja no he gosat preguntar si hi havia cafè. Però tot i que no havent-hi cafè l'esperança de trobar una habitació, ho sé per experiència, encara és més difícil, bé he de demanar si es pot dormir en alguna casa. No, no es pot dormir enlloc.

—Quanta gent hi viu, aquí?

—Catorze persones.

Espero uns instants, per si l'home volgués repassar mentalment les catorze persones, pensés en les cases on viuen i se li acudís que hi ha algun llit disponible. No sembla, però, que l'home es dediqui a pensar tot això, potser encara no està segur que sigui veritat que han comparegut aquests dos forasters que parlen barceloní. Perquè l'home també parla amb accent barceloní. Què hi fa, a Alins?

Perquè es faci càrrec ben bé de la situació en què ens trobem, comento:

—Així haurem de continuar cap a Calassanç...

—No sé si allà s'hi podran quedar...

Només ens faltaria aquesta. Ja hem fet tant de camí com ahir, o més, i si cal continuarem fins a Calassanç, però si allà tampoc podem passar la nit... El convenient fatalisme del caminant ve a ajudar-me; ja passarà el que hagi de passar, i ara és l'hora d'estar-se a Alins una estona i respirar tranquil.

L'home explica que ha viscut a Barcelona, treballant de mecànic, de mecànic de màquines d'escriure, sí. I després de decorador de motllures. Què em diu. Sí senyor. Molt de temps. Però ara he tornat aquí. Què faria sempre dins un pis? No m'hi sabria estar, tancat. Aquí és una altra cosa, puc tenir una gallina, mirar si creix una tomaquera...

Penso que sí, que això és el que es pot fer aquí, en aquest Alins de catorze veïns, que deuen estar amagats perquè no en veig cap més.

—Un cop acabi l'estiu...

—Per a mi és igual, jo hi visc tot l'any. Sí, sí, tot l'any. Això no vol dir que de tant en tant no baixi uns dies a Barcelona, a veure la família. La dona hi està d'acord a viure en aquest poble, si no no podria estar-hi, aquí. Miri, si una dona et diu que et tiris des d'un balcó, l'únic que has de mirar és que sigui baix. Perquè t'hi acabaràs tirant. Elles manen.

Li pregunto pel casal, des del qual potser manava molt alguna descendent de la dama Guilleuma —i qui sap si més d'un home havia anat balcó avall— però sembla que aquesta casa de senyors ja no fa un paper que sigui notícia, a Alins. Diu l'home que els amos, ara, ja només pugen a cobrar el blat.

Tot es va abandonant.

El capellà puja cada segon diumenge de mes.

A Sanui m'havien dit: «Allà dalt, a Alins, són pocs i malavinguts»...

No ho puc pas plantejar així, sinó fent la suposició contrària:

—Si són tan pocs, deu ser cosa d'avenir-se força...

—És clar! —l'home és rotund— no veu que ho hem de fer tot, nosaltres? Una tuberia que es trenca a la font, qualsevol problema, ens hem de posar d'acord per arreglar-ho.

Aquí, a l'entrada del poble, hi ha una font. L'aixeta està protegida per una caseta, que devia tenir una porta amb clau, perquè els nens no hi arribessin i malgastessin l'aigua. Però ara la porta ja no hi és. Ja no hi ha nens, a Alins. Cap.

Només ara, aquest agost, es veuen passar aquestes dues nenes amb dues mares joves, que surten del poble a poc a poc, cada nena amb una cantimplora, i se'n van a passejar no sé cap a on, «això és molt sa», diu l'home, diu tothom a l'alta Llitera.

L'aigua d'aquesta font no és pas d'aquí. La pugen en cubes i n'omplen un dipòsit, per això cal vigilar que l'aixeta no quedi oberta.

—Diuen que en aquell indret, veu aquells arbres?, n'hi ha, d'aigua, però encara no han començat a buscar-la.

Començaran? Miro cap als arbres llunyans que l'home m'indica, camí enllà; em giro cap a l'altra banda, aquest prodigiós grup de cases que no sé com s'aguanten, tan quietes, potser és el silenci, si ara s'engegués un motor s'esberlarien.

El sol s'ha tapat, i cap a ponent els núvols fan força gruix.

—Vol dir que no es prepara una tormenta?

L'home mira aquell cel que li és habitual, mou el cap, sentencia:

—No, avui no plourà.

Però ja és tard, i l'aire s'ha enfosquit, i si a Alins no ens hi podem quedar com més aviat en marxem millor. Perquè Calassanç no es veu, a l'altra banda de la serra.

L'home ens indica el camí, un camí que em sembla que fa bastanta volta, perquè no travessa directament la vall sinó que gira cap a les muntanyes del nord, segurament per no perdre altura. Omplim la cantimplora amb una aigua molt fresca —«si vinguessin a l'hivern», diu l'home, «un dia se'm va gelar l'aigua de la gàbia del canari» —i deixem Alins, un Alins que algú d'un poble veí va retratar així en una tradicional *jota de pique:*

En Alins hay cuatro cosas
que no las hay en toda España:
una fuente que no mana, una mina sin dinero,
pa cementerio un cestón y la iglesia apuntalada.

Calassanç, adéu per força

Després d'una estona de caminar entrem en un bosc de pins, per primera vegada a la Llitera, em sembla. Trobem alguna pujada forta, però no gaire llarga, i el camí travessa ara un camp d'oliveres, crescudes en una terra intensament rogenca. D'aquí estant es veu Alins, que ja queda al sud, retallat en el seu puig, magnífic.

Quan som a la carena ens sorprèn, i ens fa respecte, la nuvolada que hi ha damunt la serra del davant, una nuvolada que vista de prop és d'un color gris-plom més fosc, una massa que sembla densa. Si aquesta massa s'esbotza mentre fem aquesta volta travessant la muntanya deserta ho podem passar malament, perquè Calassanç és més lluny del que voldríem. Un cop a la carena hem de seguir el camí que baixa cap a un barranc, ficar-nos en el congost i després pujar per l'altre vessant. Hem de voltar aquesta nova muntanya, darrere de la qual hi ha d'haver el poble.

Al cap de mitja hora s'obre a l'esquerra una vall, de llevant a ponent, que és la vall més septentrional de la Llitera. La comarca s'acaba aquí mateix, perquè la vall és més aviat estreta i la tanca, paret que fa frontera, l'altiva serra de la Corrodella. O potser ens sembla altiva perquè s'alça ben a prop i perquè ens envia la nuvolada fosca cada vegada més amenaçadora, ara ja ratllada per llampecs, llampecs que es multipliquen. Apressem el pas, i l'obsessió per mirar endavant, amb ganes de descobrir Calassanç, no és tanta que no ens adonem que aquesta vall és molt bonica, l'extensió de rostoll de groc enfosquit i el verd negrós dels arbres lliga amb una qualitat de pintura de clima expressionista, tot plegat ennoblit d'una manera gairebé màgica per la llum estranya que hi ha ara, una llum que sembla fredament filtrada per un aire que porta flaire de tempesta.

Calassanç no arriba. L'home d'Alins ens deu haver aconsellat el camí més ben marcat, però segur que és el que fa més volta; pel dret, ja hi seríem.

Un cotxe avança per un camí, davant nostre. Quan surt al nostre camí de carro, s'atura. Probablement ens ha vist, i espera que arribem al seu costat. Els llampecs continuen i la nuvolada ja la tenin al damunt. Quan arribem al cotxe saludem el conductor i li preguntem si, seguint endavant, trobarem Calassanç. Diu que sí. Abans que li donem les gràcies s'ofereix per portar-nos-hi. «Que queda molt lluny, encara?» «No, és aquí mateix, menys d'un quilòmetre». Ja no ve d'aquesta mica, però ara estem segurs que l'home ens ha esperat per ser útil a aquells estranys individus que caminaven per la muntanya amb aquell temps, i li diem que sí, que és molt amable, i a més és interessant aprofitar aquest contacte i veure quina informació ens dóna sobre Calassanç.

La informació que necessitem amb més urgència és desanimadora: no hi podrem dormir. Què diu. Com sona. Però Calassanç és més gran que Alins. Sí, però no hi podran dormir. Segur? Mirin, jo precisament havia tingut la fonda del poble, però vaig plegar.

La il·lusió d'arribar finalment a Calassanç, doncs, ha quedat mig desmuntada. El bon home ens deixa en una mena de plaça, i el primer que fem és atansar-nos a un grup de dones. Exposem el que voldríem.

—Dormir?... Ui, ui...

Assenyalen una casa gran. És la casa de l'home del cotxe. L'antiga fonda. Sabem que no.

Ni ens hem descarregat les motxilles, segur que se'ns veu tensos, impacients, poc disposats a admetre que no hi ha res a fer. Les dones es miren. Una diu:

—Potser la Pilarín...

Ens hi agafem, excitats: on és la casa de la Pilarín? Ens ho diuen, però volen que consti que elles no saben si...

Busquem i trobem la casa de la Pilarín, en el mateix moment que hi entren dues senyores. Quan escolten la nostra petició ens miren amb sorpresa. Aquí, dormir? No, no... On, doncs? Ni aquí ni enlloc.

Carrer avall, descobreixo que sóc en un poble amb molt de caràcter, amb façanes de maó vermellós, portes i escuts antics i en general un aire barroc, i encara m'agradaria més poder quedar-me aquí. Si demà fes bon dia, a més... el panorama de la vall des d'aquesta altura deu ser esplèndid. Amunt i avall vaig repetint el meu desig, però ningú sap on podria trobar un llit.

Comento la situació amb la Isabel, mentre mirem els núvols negríssims que tenim al damunt, i un home ens observa, dret al costat d'un cotxe que duu matrícula de Barcelona. Potser sent el que diem, potser ja tothom sap, a Calassanç, el cas dels forasters que s'han ficat al cap que hi volen dormir. L'home, amablement, ens diu que si no ens en sortim està disposat a portar-nos amb el cotxe a Peralta. Fins ara, quan demanàvem aixopluc, tothom ens ha dit que anem a Peralta de la Sal, ens ho han dit amb tota naturalitat, com si nosaltres tinguessim cotxe. «Només són cinc o sis quilòmetres». Però és que avui ja en portem més d'una vintena, i s'està fent fosc, i a més que voldríem quedar-nos a veure Calassanç amb calma. L'home del cotxe s'ofereix per dur-nos ell a Peralta, i això és d'agrair, però confesso que no en faig prou cas, ara, irritat com estic. Jo vull fer un viatge a peu, i aturar-me als pobles, i trobar-hi un llit, per modestíssim que sigui. S'hi veu gent, a Calassanç, en aquesta hora del vespre està animat. A més dels habitants que queden al poble és evident que hi ha gent de vacances, com el barceloní del cotxe, gent del poble que hi torna a l'estiu. I el matís és curiós: no és que la Pilarín, o qui sigui, m'hagin dit que ho tenen ple, que ho entendria; és que ningú diu que estigui disposat a llogar habitacions.

Dubtem una estona. Aquí hi ha un mirador des del qual es pot contemplar tota l'amplada de la vall, que va baixant, ara partida per uns telons de núvols i d'aigua, un prodigi de colors escenogràfics amb bellíssimes semi-transparències produïdes pel sol molt baix.

Ens decidim a marxar de Calassanç, perquè la llum ja és escassa, i a peu tenim una hora i mitja fins a Peralta.

8
ARRIBADA A PERALTA

L'aiguat

Una dona de Calassanç, Antònia Sopena, la *iaia Chías,* aficionada a la versificació popular, va escriure una vegada:

Calasanz é un llugá chico
y está mol mal situat,
de puro fiero é bonico
y paréis que está penchat.

Las casas mol ronigadas
posé tienen dos mil ans.
Com están tan foradadas
ye crían els torrodans.

No digam que siga rico
pero pobre tampoc l'é,
lo que está més abundante
son la pedras p'els carrés.

De la carretera estant, uns metres ja més avall, Calassanç fa molt bonic, sí que sembla una mica penjat, i si té un cert aire *fiero* és per la grisor que en aquests moments s'arrapa a les cases.

La carretera va baixant, i seria un passeig agradable si no ens sentíssim tan pressionats per la pèrdua creixent de llum i la por a la tormenta. L'aire està estranyament quiet, tan intensament quiet que sembla que tota la vall ha d'acabar explotant, i ho fa abans de cinc minuts. Hem fet només uns centenars de metres quan veig com la pluja puja vall amunt. Fa un gran efecte contemplar aquest mur d'aigua, que no sembla un mur líquid sinó una autèntica paret sòlida i opaca, que tapa primer el paisatge més allunyat i ràpidament s'acosta com una immensa goma d'esborrar les formes i els colors de les coses. Penso que és inevitable: aquesta massa ens engolirà, i no hi ha cap manera d'evitar-ho. En pocs segons l'aiguat arriba al revolt on som, i no tan sols plou intensament sinó que l'aigua ens envolta, ens embolica, perquè ara fa vent. Amb dificultad, batut pel temporal, em poso el gersei sobre la camisa. La temperatura ha baixat. En mig minut tinc els pantalons absolutament xops, les sabatilles absolutament xopes. M'endinso el barret de palla, que havia de servir pel sol, però no protegeix les ulleres. Hi ha tanta aigua per tot arreu que no veig res. Carretera avall sento la veu de la Isabel i m'aturo. Crida, perquè l'entengui: «On tens el bloc?». El bloc? Ha parlat l'editora. No ha oblidat el petit bloc on aquests dies vaig apuntant les meves notes de viatge, que m'han de servir per escriure el llibre. M'aturo. El duc a la butxaqueta dels pantalons, i em sembla arriscat obrir ara la motxilla, sota el xàfec, però ella ho fa i amaga el bloc al fons, entre roba. Tanca la motxilla tan bé com pot i continuem. La tempesta és notable i espeteguen els llamps. Seria temerari intentar protegir-se sota un arbre, i possiblement inútil. L'únic que es pot fer és seguir carretera avall. Peralta deu ser a cinc o sis quilòmetres.

En un revolt em sembla veure uns llums, a l'esquena. Com si baixés un cotxe. Ens aturem al mig de la carretera i poc després apareixen dos fars potents, és un camió molt gran que baixa entre la pluja, a poc a poc. Alcem els braços. El camió frena, també a poc a poc. L'aire és molt fosc. Ens acostem a la finestra de la porta, que queda altíssima, intentant absurdament explicar-nos; obren la porta i ens hi enfilem. No calen gaires paraules, regalimem aigua per tot arreu. Ja hi van tres persones, en aquest camió, però per sort la cabina és gran. Són una gent amable, s'excusen perquè no podem instal·lar-nos-hi còmodament. No ens mullem, això és el que compta. «Però on van, vostès!». Els diem que no hem pogut quedar-nos a dormir a Alins, abans, ni ara a Calassanç, i que la nostra intenció és arribar a Peralta, a veure si tenim més sort. «Nosaltres no hi anem, a Peralta, anem a Sanui, o sigui que ens desviem abans. Si volen que els duguem a Sanui...» Gràcies, però no és cap solució. A Sanui ja hi hem estat, precisament hi hem dinat avui, i ja sabem que no hi ha fonda. «Doncs els hauré de deixar a l'encreuament». Val més això que no res. Per la finestra de la cabina no es veu res, només l'aiguat incessant, espès.

Al cap d'uns moments el conductor es justifica: «Si no portés tanta càrrega, i amb aquest temporal que fa, els portaria a Peralta, però...» Ens en fem càrrec, i li ho agraïm. Ja és prou important haver-se estalviat ben bé dos quilòmetres de tempesta.

El camió s'atura a l'encreuament, i baixem. Pràcticament ja és de nit. Penso per un moment que és una escena de pel·lícula, una parella que baixa d'un gran camió en una cruïlla deserta, el camió que gira cap a la dreta i s'allunya, i dues figures insignificants sota la pluja que arrenquen a córrer carretera avall. Ho imagino més que ho veig, perquè així que m'he sentit l'aigua a la cara ja no he girat el cap, depressa, depressa. La carretera és plena d'aigua i a estones literalment correm. Per sort fa una mica de baixada i suposo que mai hauré fet un parell de quilòmetres en tan poc temps. Però Peralta no apareix, encara que més avall ens ha semblat veure unes cases. Sentim que s'acosta algun vehicle, i ens aturem, per prudència i per descansar uns segons. Baixa com nosaltres, ens passa, és un cotxe amb matrícula d'Osca, deu ser de la comarca. No s'ha aturat. Comprenc que ha d'estranyar veure'ns, quin aspecte tenim?, en aquesta carretera solitària.

Finalment un grup de cases, no pas tocant a la carretera, sinó més a l'esquerra, que forçosament ha de ser Peralta. El poble queda ensorrat. La carretera continua i penso que passarem de llarg si no trobem un trencall que ens dugui a les cases entrevistes en la foscor. Una mica a cegues ens decidim a deixar la carretera, en el punt on hi ha una explanada i uns edificis baixos, que semblen estables.

El refugi

Avancem, ja és de nit, per un carrer inundat i fangós, entre algunes cases baixes i velles, que semblen abandonades, o potser són estables o coberts en desús. Hi ha un moment que penso que no hem arribat pas enlloc, que això no és un poble real, que m'he ficat a viure dins una pel·lícula d'aquelles nòrdiques i expressionistes, amb la pluja insistent, cap batec humà, la desolació. Caminem depressa, ignorant el fangueig, en alguna banda hi ha d'haver alguna referència que ens permeti centrar-nos, un llum encès, una persona capaç de veure'ns arribar.

Al capdavall comença un carrer empedrat, i de cop el poble es fa sòlid: hi ha cases i portes i finestres. I una dona en un portal. Què hi fa aquesta dona, ara, en aquest portal? Espera algú que ha d'arribar sota l'aiguat? Li pregunto pel bar Centenario, que és un nom que he sentit a Calassanç, quan em deien que a Peralta potser hi podria dormir. La dona diu: «És aquí al costat, aquí mateix». Miro i no veig cap rètol. Em giro i la dona ja no hi és. Quina bestiesa, dubto que hi hagi estat mai. Dues cases més enllà, sobre una porta, un rètol molt petit que diu *Café*. Només. Hi entrem i tot és fosc, però cap al fons es veu una mica de llum incerta. Dos llums portàtils de butà fan que endevini que és una sala espaiosa i que la tormenta els ha deixat sense electricitat.

Ens expliquem, absolutament xops, a un home que s'està darrera un taulell. Que venim de Calassanç a peu i que necessitem menjar alguna cosa i sobretot dormir. L'home diu que la dona no hi és, que ha anat a Montsó i que encara no ha tornat, és clar, amb aquest temps... Però no ens ha dit no, i penso immediatament que ens està dient que sí. O és que, i me'n faig càrrec, l'aparició de dos desconeguts en un estat lamentable demana un temps d'adaptació, i escoltar-los una mica, per tranquil·litzar-se amb la manera con s'expliquen, i mirar-los una altra mica i aleshores la solidaritat troba el gest i l'accent. Havíem deixat les motxilles a terra, jo m'eixugava les ulleres i la cara, els ulls habituats a la penombra ja veien unes quantes taules, sí, la sala del cafè era força gran, hi havia mitja dotzena d'homes, a les taules, una noia feinejava prop de l'home

—l'amo, el pare?— darrera el taulell... No deu haver passat gaire temps quan l'home ens fa un senyal i ens diu que la noia ens acompanyarà a l'habitació. «Agafa un dels llums». Dic, absurdament, que no cal, segurament perquè trobo tan extraordinari que em diguin que sí, que hi ha habitació, que he de compensar-ho amb algun no, el llum no cal, però és clar que cal, l'home i la noia somriuen, com ens ho faríem, sinó, per saber per on hem d'anar. Recollim els paquets, seguim la noia escales amunt, el llum il·lumina un corredor i més enllà una porta, la noia l'obre i deixa el llumet de butà sobre una tauleta. Hi ha dos llits. Dos llits disponibles. «Els deixo el llum aquí». Encara intento protestar, penso que a baix, al cafè, només n'ha quedat un. «Oi que volen sopar?» «Sí». «Doncs quan baixin el tornen». Ens deixa també dues tovalloles i se'n va.

Desfem les motxilles i en treiem la roba. Amarada d'aigua. Gairebé com la que portem posada. Les sabatilles semblen esponges. Em poso la camisa que està menys xopa. Aleshores la noia torna carregada amb un penja-robes de tres peus i no sé quants braços, perquè puguem estendre-ho tot. La Isabel no té secs els pantalons ni els shorts, i es lliga una tovallola a la cintura i li fa de faldilla. Amb una satisfacció immensa, muts de tanta felicitat, baixem a sopar. Amb el llum a la mà.

No sopem a la sala del cafè, sinó en una saleta que hi ha al costat, petita i amb tres taules, que fa de menjador. Ens saluda la dona que finalment ha arribat de Montsó, on diu que ha fet una forta pedregada. Ens pregunta què volem sopar i li diem que ja és una mica tard, que no volem complicar-li la vida, que qualsevol cosa senzilla ja ens anirà bé. Volen una truita amb patates? Perfecte. I una amanida... Perfecte, tot és perfecte en aquest moment. Mentre esperem, un cop d'ull al mapa ens fa veure el camí que hem hagut de fer fins a arribar a aquí, de Sant Esteve a Sanui, de Sanui a Alins, d'Alins a Calassanç, de Calassanç a Peralta —«gairebé trenta quilòmetres», «potser sí»— i revivim les pujades i baixades, i la gent d'un lloc i de l'altre, i el tip de córrer, i la tempesta, és clar, i aquest dia tan llarg, tan ple, tan incert i tan apassionant i sobretot perfecte, perfecte quan, apartant el mapa i la memòria, ens veiem asseguts a aquesta taula. I així, embolicats en la perfecció d'un instant que només sembla tenir profunditat, però no durada, ens arriba, desvetlladora, la veu de la dona, que entra amb l'amanida de ceba i tomàquet, la truita amb patates i uns talls de pernil. I una ampolla de vi. I un somriure: «els va bé?...»

El desconegut

Quan tornem al cafè, l'home del taulell ens diu una cosa que ens sorprèn: que algú ha preguntat per nosaltres.

—Per nosaltres, n'està segur?

¿Algú ha preguntat per nosaltres, aquí, a Peralta, on no pensàvem pas ser-hi, avui, i amb la nit que fa? Ni cap parent ni cap amic pot imaginar-se on som.

—Per nosaltres?

—M'ha preguntat si havia arribat una parella que anava a peu... Només podien ser vostès, i li he dit que sí, que havien anat a dalt a canviar-se.

—Però qui era aquesta persona?

—No ho sé, un home que no tenia res d'especial, i quan li he dit que sí, que havien arribat, se n'ha anat tot seguit.

La Isabel i jo estem desconcertats, i al capdavall se'ns acudeix que només hi ha una explicació.

—Un xicot, un home no gaire gran, més aviat morè, potser... duia bigoti?

—Un home així, sí.

L'home que s'estava al costat del cotxe, a Calassanç, i sentia com dèiem que no teníem altre remei que continuar fins a Peralta perquè no havíem trobat cap habitació. L'home que s'havia ofert, molt discretament, per dur-nos amb el cotxe, si calia. Poc després de la nostra marxa havia començat el temporal i segur que l'home havia començat a patir: aquells dos per la carretera, sota la tormenta... En algun moment allà dalt, a Calassanç, la tempesta devia ser tan forta que s'havia decidit a agafar el cotxe i anar-nos a trobar on fossim. En no veure'ns pel camí, havia arribat a Peralta, i si nosaltres també hi havíem arribat només podíem ser al bar Centenario. Tranquil·litzat, se n'havia tornat a Calassanç sense dir res.

No en sé el nom ni l'he tornat a veure. Però és un d'aquells actes de solidaritat que no s'obliden. El sostre que havíem trobat encara era més reconfortant que abans, i les dotze campanades, repetides, que vaig sentir abans d'adormir-me, m'arribaven com petites onades d'escalfor.

9
PERALTA DE LA SAL

Escolapis

Baixo a la sala del cafè i decobreixo que no és una planta baixa, sinó un pis. Havíem entrat, ahir a la nit, a peu pla d'un carrer, però veig que a l'altra banda de la sala hi ha uns balcons, que donen al damunt d'una carretera. Fa sol. Hi ha encara alguns bassals d'aigua però la tempesta ha passat. El dia és net.

Al davant no hi ha carrer de cases, sinó turons propers i muntanyes més enllà, i ara entenc que ahir ens costés tant veure Peralta, i més enmig de la foscor i l'aiguat, perquè el poble està enclotat entre serres.

A Peralta havíem d'arribar-hi aquesta tarda, si ahir ens haguéssim pogut quedar a dormir a Alins o a Calassanç, i marxar-ne demà. Decidim que mantindrem el programa de viatge previst, que demà continuarem i que el dia guanyat el dedicarem a Peralta i als seus voltants.

Als Escolapis, on vaig fer el batxillerat, vaig sentir sovint aquest nom: Peralta de la Sal. A Peralta de la Sal hi va néixer Josep de Calassanç, després fundador de l'Escola Pia i després, encara, santificat. El fet que nasqués a Peralta dient-se Josep de Calassanç, nom del poble veí, no és cap raresa, però tractant-se d'un sant afavoreix la confusió, perquè sovint els sants són coneguts pel nom i pel lloc de naixement o pertinença, com Francesc d'Assís o Antoni de Pàdua. Quan jo era un adolescent no m'imaginava que, un dia, aquell Peralta que pronunciaven amb respecte els escolapis barcelonins seria una realitat tan concreta davant meu. El primer que vull fer, doncs, és visitar el santuari de Sant Josep de Calassanç, a Peralta.

Tot és a prop, a Peralta, que deu tenir poc més de tres-cents habitants, i trobar el santuari és fàcil. A més, juntament amb l'església parroquial, que és bastant aparatosa i que té al costat, forma el conjunt arquitectònic més visible del poble. Un home que passa per aquesta mena de plaça em diu a quina porta he de trucar, i quan m'obren explico que sóc de Barcelona i que voldria visitar la casa. El porter, o qui sigui, hi accedeix immediatament i m'avisa: *Ahora bajará el padre.* Entro en un gran pati, organitzat com un claustre.

Mentre espero, hi veig unes rajoles commemoratives, amb les dates 1556-1956. Són del quart centenari del naixement de Josep de Calassanç, que és qualificat amb aquest elogi-eslogan: «el más santo de los pedagogos y el más pedagogo de los santos». També puc saber que aquesta és la *casa solariega,* i davant el to que agafa tot plegat m'alegra descobrir que en algunes finestres hi ha testos amb flors i gàbies amb canaris.

Finalment baixa el *padre.* És un escolapi vestit de paisà, cosa que no havia vist mai durant el meu batxillerat, quan les sotanes del *padres* de l'època —la que amagava el cos eixut del pare Almirall, la que tibava al voltant de la voluminosa panxa del pare Rey, la que vestia la vertical i emfàtica elegància predicadora del pare Seguí— semblaven una pell eclesiàstica inarrancable.

Ens ensenya l'església, aixecada, diuen, on va haver-hi la casa natal de Josep de Calassanç, i el seguim quan se'n va, tot decidit, cap a l'altar major, on hi ha un retaule que reprodueix una pintura de Goya. Ens fa observar un grup escultòric, una imatge de Sant Josep de Calassanç amb dos nens, que evidentment representen dos escolars. No és tan evident, és clar, i el *padre* ens ho explica, que aquests dos nens retraten els fills de l'escultor. També veiem cinc llànties, que «han estat donades per les cinc províncies escolàpies» i el nostre guia n'assenyala una: «Ésta que ven aquí es la ofrecida por la provincia de Cataluña». Somriu: «O sea que es la suya». L'escolapi, que llegint un prospecte que em dóna deduiré després que es diu Subias, actua d'una manera curiosa. Ha començat parlant-nos en castellà, i en veure que li contestàvem en català s'ha passat a aquesta llengua, que també és la seva. Però només parla en català quan no exerceix de guia, quan intercanviem comentaris personals, diguem-ne com en els aparts del teatre. Quan ens informa d'allò que ens ha d'informar ho fa en castellà, en un castellà polidament entonat i cultista, i quan ja no és el *padre* sinó un home del país fa servir un català de la Llitera amb tota l'expressió i la naturalitat. O sigui que el mecanisme és d'aquesta mena:

—Tenen pintures molt grans, aquí —dic.

—Té raó, i més ne tenívem... A vostès los agrada, l'art? —Aleshores assenyala un quadre i enganxa sense cap vacil·lació: —Éste es un cuadro que nos muestra San José de Calasanz en Montserrat, visita del Santo que a todas luces está históricamente comprobada...

—Que va viatjar molt, Sant Josep? —el tallo.

—Si tenim en compte l'època, Sant Josep... —ara li diu Josep, però indica el quadre que hi ha a l'altre costat i automàticament: —San José aparece aquí ante la Virgen del Pilar, en un puente de Zaragoza, aunque de tal visita no existe constancia cierta... En la luneta del coro pueden ver que se halla representada la Gloria del Santo.

El pare Subías no falla mai, fa el canvi lingüístic amb un rigor impecable. Arriba el moment que ens proposa: «Que volen veure el Museu?» Sí que el volem veure. De fet el que ens ensenya és una sala de relíquies, potser on hi havia abans la sagristia. «Nya poca coseta, és modest, però és evocador.» La complicitat lingüística dura fins que ens mostra la primera peça: «Éste es un cáliz de plata que perteneció al Santo y fue enviado a Peralta desde Roma...» Sí que com a museu és modest, però també és veritat que és estranyament evocador, perquè a més de diverses cartes de l'època, una tovallola, una gerra i altre objectes hi ha restes de fusta de la caixa de morts del sant i fins i tot una vèrtebra de Josep de Calassanç en un reliquiari de plata i d'or.

D'aquesta saleta passem al museu, dedicat a arxiu-biblioteca, on hi ha llibres de tot arreu, publicacions i fotografies relacionades amb Sant Josep de Calassanç o amb l'Escola Pia. El pare Subías està content de veure que hi trobo una foto de la façana dels Escolapis del carrer de la Diputació. Recollir i ordenar aquest material és un esforç personal seu, i el felicito quan em sembla que és el moment d'acomiadar-nos. Però encara no ens vol deixar.

—No volen veure l'església parroquial?

Em sorprèn que la visita a aquesta església vagi en el lot, per dir-ho així, de la visita calassància. O potser és que el *padre* encara vol ser més amable amb aquests inesperats visitants barcelonins, i com que ni ell ni nosaltres semblem tenir gaire pressa... Sortim de l'església calassància i anem a la parroquial, aquí al costat, passant per davant del monument al sant. És una església força gran, amb una estructura que gosaria dir que és neoclàssica si no fos que respira un aire barroc i carregat, que contrasta amb dos panys de paret de l'església primitiva. El més extraordinari és el sostre, totalment cobert amb uns relleus en guix de colors pastel, i gairebé goso dir pastís, perquè aquests roses i cremes semblen alimentaris. És una feinada considerable i m'ho miro, desconcertat, amb la boca oberta. El pare Subias se n'adona i, dominant modestament la satisfacció, em fa saber que la restauració de l'església és obra seva.

—Caram!

M'explica que també ha fet restaurar l'església de Calassanç, i que els de Peralta li retreuen que la de Calassanç ha quedat més bonica, però que ell no hi està d'acord.

—Més que aquesta és difícil —dic, i l'home somriu. A vegades la felicitat és d'aquest món.

La sal

Ara, oficialment, Peralta de la Sal es diu Peralta de Calassanç, cosa que em sembla un disbarat. El canvi s'ha produït d'ençà que Peralta es va annexar el terme del poble veí. Peralta de Calassanç no respon a la realitat, perquè Peralta no és de Calassanç: Calassanç de Peralta tindria més sentit, encara que no servís per definir el nou municipi. Peralta i Calassanç, solució lògica, no els devia agradar. Però és igual, això continua essent Peralta de la Sal, i confio que el nom no es perdi.

Peralta significa pedra alta, i a més és el nom d'un

llinatge històric, vinculat al castell de Peralta, que va comptar molt durant els segles XIII i XIV a Catalunya, al País Valencià i a l'Aragó. I la referència a la sal és ben clara, perquè l'explotació de les salines és molt antiga. Després d'una època d'aprofitament d'aquest recurs, de baralles pels impostos i d'apropiació reial, les últimes notícies són la decadència de la salina com a explotació rendible. En altres indrets ha passat el mateix. Però si sóc a Peralta de la Sal, i encara falta estona perquè sigui l'hora de dinar, no m'ho vull perdre.

Les salines són als afores i m'indiquen el camí, que surt de la carretera i s'endinsa per una vall. Com sempre que et diuen «és molt a prop» allò que busques triga a arribar. Han eixamplat el camí, o l'han fet nou, perquè hi puguin passar camions, penso, o sigui que alguna feina deuen estar fent en aquestes salines.

En l'encreuament de dues valls veig la quadrícula irregular que fan les basses. Quan fa anys vaig veure les de Gerri de la Sal, al Pallars, ja em va impressionar la racional senzillesa d'aquesta mena d'explotacions. Quan m'hi acosto m'adono que aquí hi ha moltes més basses, o dipòsits o com en diguin, i que sovint són més grans. És un espectacle que trobo profundament suggestiu, l'espectacle de l'antic enginy humà i la conservació d'una tècnica simple i arcaica: tancar l'aigua salada en compartiments d'escassa fondària i esperar que el sol d'estiu l'evapori i quedi dipositada la capa de sal. Les baixes parets que separen les basses fan de passera, i vaig amunt i avall, com qui es diverteix seguint els camins d'un laberint. A la part alta de les salines hi ha una explanada, on tres homes fan anar una màquina, i la sal és sotmesa a un procés que ignoro, però que dóna com a resultat aquesta meravella que tinc al davant: una muntanya de sal, perfectament cònica, que es reflecteix invertida en una aigua blavíssima sota el sol intens, una impecable composició geomètrica i colorista. Si s'acluquen una mica els ulls, la imatge sembla irreal.

Me'n torno avall, triant —ara a la dreta, ara a l'esquerra— els estrets i enlairats murets que separen les basses, que canvien el color de l'aigua segons d'on ve el sol. És una estructura inventada fa segles, un monument horitzontal, popular, envellit. Estranyament salvat.

A l'entrada, altre cop, de les salines veig un jeep, prop d'una construcció que deu ser un magatzem. Hi ha dues persones, al jeep. Una duu una càmera com si fos de televisió, l'altra té l'aire de gerent, d'empresari urbà. És un senyor ben plantat i amable, que es presenta: Lluís Porté. És el nou propietari de les salines, ho és de fa poc anys.

—Vostè és de Barcelona? —pregunto.

—No, jo sóc fill d'aquí, però els anys seixanta me n'hi vaig anar, a Barcelona. Hi tinc una gasolinera.

—I això...

—Això ho vaig comprar per evitar la decadència. Això ja estava mort, i no volia que es perdés. S'hi havia d'invertir, és clar, i ningú no ho feia. Em vaig decidir i no me'n penedeixo. Ara funciona. I encara funcionarà millor, perquè hem fet uns nous dipòsits, molt més grans. Allà dalt.

I m'ensenya una mena de turó allargat.

—Volen veure-ho? Aquest senyor és de la televisió i ha vingut a fer un reportatge, ara anàvem cap allà.

Pugem al jeep i el jeep comença a enfilar-se d'una manera que em posa l'ai al cor, però el senyor Porté sap molt bé el que es fa. Quan arribem a dalt jo també sé el que em faig: posar els peus a terra i negar-me a pensar en la baixada que vindrà. L'espectacle és extraordinari: al fons de la vall es veuen les antigues salines, potser més de dues-centes basses, formant com una xarxa de malla fina. I aquí dalt quatre immensos dipòsits rectangulars i esgraonats, invisibles des de qualsevol punt de la vall. El senyor Porté ens parla de tones de sal i de milers de sacs. Està convençut que les tradicionals i moribundes salines seran salvades, ja ho han estat, per una societat anònima. En la seva veu es barreja la precisió rigorosa del conseller delegat amb la passió del fill del poble.

Tornem avall, enfilats en aquest jeep sense portes, que salta i gira i, agafat com puc en una barra metàl·lica que em sembla primíssima, procuro no mirar la vall.

Finalment aturats a l'entrada de les salines, donem les gràcies al senyor Porté. La Isabel no sé què pensa, ni sé si m'ha vist, abans, els ulls esverats. Jo recupero la sensació de tocar de peus a terra i em prometo no maleir mai cap camí, per dur que sigui.

10
GAVASA I TORNADA

Ja he dit que la llarga caminada d'ahir ens va fer arribar a Peralta un dia abans del que havíem previst, i com que no hem de marxar fins demà —si volem respectar programa i calendari— tenim també aquesta tarda lliure. Per tal de no desacostumar-nos a l'exercici diari i que l'esforç de demà no ens vingui de nou, decidim caminar una estona. L'objectiu és Gavasa, un petit nucli habitat cap al nord, prop d'on s'acaba la Llitera. Són uns quatre quilòmetres de pujada i després refarem el camí, baixant, cap a Peralta.

Agafem la carretera que s'enfila cap a la Ribagorça i que ens duria, si no ens aturàvem a Gavasa, a Purroi i a Benavarri. Efectivament, el camí puja, i ho fa sense parar, per això aviat s'eixampla el panorama sobre la vall, a l'esquerra, que és l'escenari de la nostra correguda, ahir, sota la pluja. Ara es fa visible el paisatge que l'aiguat amagava. Gairebé al davant, al capdamunt de la vall i enfilat al seu turó, es dibuixa clarament Calassanç. Que ben posat!

Tot pujant es perfila també millor a l'altra banda, a la dreta, el Tossal Gros, i s'hi veu com una cicatriu entre el verd, que deu ser el camí que porta cap al coll. Demà hi hem d'anar, per allà dalt.

Són les cinc de la tarda, però les cigales fan encara un soroll estrident, és ben bé un dia d'agost i la tempesta d'ahir no els ha rebaixat l'empenta. Qui sap si, al contrari, els llamps d'estiu alimenten l'energia gairebé elèctrica del brogit de les cigales.

A estones, ja més amunt, la carretera planeja però no ho aprofitem per a aturar-nos i descansar, quatre quilòmetres són una dosi de camí seguit assimilable, i a més Gavasa ha d'aparèixer d'un moment a l'altre. Quan un comença a pensar això, en un camí de revolts, està demostrat que el moment en què apareix el poble sempre és l'altre, és a dir, quan ha fallat vàries vegades la profecia que diu: ara el veurem.

Gavasa es descobreix, finalment, com un grup de cases comprimides en el punt més estret d'un congost. Més que veure's, des d'on ens hem aturat s'endevina, perquè el poble, si ho és, s'està més avall de la carretera, al peu del barranc. Ens hem aturat aquí, abans d'entrar-hi, perquè hi ha una font al peu del camí, i l'aigua raja a l'ombra d'un cirerer. És bonic, sempre que es pot fer, concedir-se aquests moments d'espera abans de dir ja hi som. Són uns moments de tranquil·la i alegre excitació, perquè és més engrescador dir-se: ara hi serem. El plaer de la imminència.

Prop hi ha una casa reformada i gent que hi deu passar l'estiu, el silenciós i lent estiu de Gavasa, perquè han instal·lat a l'herba una petita piscina desmuntable, de plàstic, i una dona i cinc nens s'hi mouen al voltant.

La carretera continua amunt, travessant el congost, i per entrar al poble cal agafar un camí que baixa cap al barranc. Aquest camí es converteix en un carrer, en el carrer de Gavasa, i en un punt que es fa pla tres homes s'estan aturats, xerrant. Saludem i ens hi afegim. Un dels homes diu que al poble hi viuen vint persones, i un altre diu que vint-i-dues. Els veig més aviat desanimats, i faig l'elogi de l'aigua de la font que hem trobat, que era molt bona i molt fresca.

—Fresca, diu, aquella? Home, sí, però encara és més fresca la de la font que hi ha al final del carrer. Molt més fresca, ja m'ho sabran dir.

—Miri si és bona —diu un altre home— que en vénen a buscar d'altres pobles.

L'haurem de provar. També faig l'elogi del barranc, molt estret però ple de verdor, d'uns arbres esplèndids que creixen al peu del roquissar.

—Si a Peralta el tinguessin... —diu algú.

—Què vol dir?

—Que el tindrien més apanyat...

Anem-ho a veure, si el barranc està apanyat o no. És senzill, es tracta de seguir el carrer i baixar una mica més. Tot plegat és un trajecte curt, que no deu passar gaire dels cent metres. Veig tres cotxes, tots tres amb matrícula de Barcelona. És l'agost, i algú torna a Gavasa. I al final la font anunciada, realment més que fresca. Freda. Un petit pont que duu —quatre passes— a l'altra costat del barranc, al peu de la roca alta i cantelluda que amb la seva verticalitat impressionant encara fa més encongit i secret aquest racó. En diuen barranc, i ho deu ser, però aquest indret té el luxe de l'arbreda i de l'ombra i de la remor de l'aigua, i a més del silenci, i a més la sensació que això és el decorat-escenari pensat per a una faula, per a una representació màgica. Miro com el sol s'atura en les branques altes dels altíssims xops, mentre sec uns instants en una petita illa verda entre dos corrents d'aigua. Hi ha un moment que la impressió d'aïllament es fa excessiva, el setge líric m'ofega, i surto del barranc amb ganes de respirar al sol.

Refaig el camí. Hi ha bastantes cases enrunades.

Enganxat en una porta vella, un full de llibreta que diu: «Consulta médica. Viernes a las 7 de la tarde». Un rètol en una altra porta: «Casa el Rey». La petita església, tancada. El carrer està ocupat per una parella que renta un cotxe. El renta espectacularment, amb un devessall de sabó i l'aigua blanquinosa ho omple tot. Aquí, a Gavasa, també hi ha, avui quatre d'agost, aquesta cultura del lleure urbà. El cotxe és tan espectacular com l'ensabonada.

Ja prop de la sortida del poble, un home feineja en el seu jardí. La casa es veu cuidada i ell es mira els rosers que toquen el carrer. Ens veu passar amb les motxilles i saluda. El saludem. Ens pregunta si va ploure, ahir, perquè ha arribat aquest matí i ho ha trobat tot moll. Si vol li ho podrem explicar molt bé, si va ploure! Ens diu que és gallec. El gallec de Gavasa trenca delicadament la tija d'una rosa i ofereix la rosa delicadament a la Isabel.

Passem per davant dels tres homes d'abans, que no s'han mogut.

—Tenien raó —els dic—. La font d'allà baix és més fresca.

Somriuen. N'estaven segurs. Tot és sabut, a Gavasa, menys que una noia pugui sortir-ne amb una rosa a la mà, penso. Però el gallec és a quatre passes, i aviat ho sabran, també.

El camí de baixada, cap a Peralta, és còmode encara que es fa una mica llarg. Al cap d'un parell de quilòmetres sentim que baixa un cotxe, és un Ford Fiesta. En passen molt pocs, per aquesta carretera. El Ford s'atura una mica més enllà, i el conductor em fa un senyal. M'hi acosto.

—Com va, senyor Espinàs?

Home! Amb la fila que faig. És una família que ve de la Vall d'Aran i se'n va a Granyén. Ens diuen si volem aigua, però ja en portem. «Gràcies, no necessitem res, d'aquí a una estona serem a Peralta.» «Bon viatge.» «Bon viatge.»

Com que el sol ja no és alt, la tarda s'ha entendrit una mica, i els verds i els ocres respiren més intensament, sense l'excés marejador, ofegador, de la llum d'agost. Han aparegut alguns núvols, cap a ponent, però avui no hi haurà tormenta, avui arribarem a Peralta amb calma i secs.

Entrem al bar Centenario com si entressim a casa. D'ençà que ahir ens va acollir hi hem fet els àpats i hem rebut un bon tracte dels amos i les dues noies, que si no m'equivoco són les filles. Seiem a una taula i demanem aigua i cacauets, esperant l'hora de sopar. Sempre hi ha algú, en aquest cafè, i ja en coneixem els habituals, que hi troben un espai de relació humana. Un cafè, i sobretot un cafè com aquest, on tothom hi té cabuda i on consumir és només una de les possibilitats, és una institució social, un equipament de primera necessitat. Hi ha les colles que conversen, els quatre que juguen a cartes, els solitaris... Sense un cafè la soledat seria més dura, i jo estimo els cafeters que saben convertir el cafè en la casa del poble. Sense haver de dir-ho, tothom ho sap. Dic a l'amo, al Josep, que sembla que la gent s'hi troba molt bé, aquí. I m'ho reconeix, però no sempre ha estat així, diu. D'ençà que ells s'han fet càrrec del local tot ha canviat. Abans el cafè era mig mort, vaja, s'anava morint, i s'hauria acabat tancant. Perquè fallaven les coses, cada vegada hi havia més descuit... Miri, aquí no es podia menjar res, si no s''obria una llauna, ja m'entén. Ens vam posar a fer cuina, allò, coses senzilles però bones, m'entén? I és el que li dic, preocupar-se una mica de tot plegat, prendre-s'ho amb interès. Nosaltres no som d'aquí, sap?, i si ens vam decidir a agafar això va ser per tirar-ho endavant. No es pensi que sigui fàcil, però...

Jo penso que si s'acabés l'hospitalitat del Centenario els forasters ho tindríem difícil en tota aquesta part de la Llitera. I tan agradable que és, ara, deixar passar els minuts en aquesta sala, que va invadint la penombra. M'acosto al balcó i hi surto. És un balcó llarg, que agafa gairebé tota la façana que dóna sobre l'estreta carretera. Em recolzo a la barana, de cara als petits horts, dins els quals creix alguna figuera. Els turons comencen aquí mateix. Em té meravellat, en aquest paisatge de secà, el xalet que tinc al davant, en el punt més alt d'un puig. És un xalet amb teulada de pendents canadenques, diuen que se'l va construir un senyor del Vallès, que aquí s'hi ha curat l'asma. L'aire és sec i és net, aquí.

Prop meu, al balcó, quatre noies masteguen pipes, i gesticulen, i parlen animadament amb veus agudes. És com si s'hagués instal·lat en aquest balcó un niu d'orenetes.

Els últims raigs de sol s'enfilen pel Tossal Gros, que tanca l'horitzó, i pinten de taronja la torre de l'antic castell de la Móra.

És l'hora de sopar, i la mestressa del cafè, que és molt amable i li agrada cuinar, aquest vespre ens ha fet unes perfumades sardines amb escabetx. Penso que m'hi quedaria uns quants dies, aquí, però el caminant sap que no ha vingut a Peralta a fer vacances, i que forma part de l'ofici evitar que els peus esdevinguin arrels. I que l'adéu és el preu de la llibertat.

Demà hem de fer camí. Un camí que pot ser feixuc i llarg: Sorita, Baells, Natjà, Camporrells. M'han dit que a Camporrells hi ha un balneari, un bon lloc per acabar la jornada. Demano a en Josep si em vol fer el favor de telefonar a Camporrells per assegurar-nos habitació per demà al vespre, quan hi arribem. Al cap d'uns minuts torna: no hi ha res a fer. El balneari està tancat i no coneixen cap casa que llogui habitacions, o com m'havia dit una dona a la Terra Alta, que *faci llits.* Que no? Que no. L'amo del Centenario ho té clar: ni a Camporrells ni en els altres pobles, que són petits.

—Potser hi hagi lloc al parador.

—Un parador? On?

—Al parador de Seganta.

Si és un nom de lloc no deu pertànyer a la Llitera, no em sona. Trec el meu petit mapa i trobo Seganta més amunt de Camporrells, just fora de la comarca, en un encreuament de carreteres.

—És una gasolinera que tenen habitacions —m'explica en Josep. I com que veu que jo vacil·lo, perquè és més lluny del que voldria i, metòdic com sóc, no m'agrada canviar l'itinerari previst, afegeix—: Si no és al parador em sembla que no podran dormir enlloc. I al parador no ho sé, perquè demà és dissabte.

No badem, doncs, busquem Seganta a la guia de telèfons. Seganta deu ser un lloc petitíssim, perquè de telèfons només n'hi ha quatre, i dos dels números corresponen a la gasolinera-parador. S'hi posa una veu de noia i li exposo la meva pretensió: ara sóc a Peralta, demà arribaré a Seganta a peu, i som dues persones que hi volem dormir. La resposta no me l'esperava:

—¿Y dónde pongo yo a los músicos?

Resulta que és festa major, no pas a Seganta sinó a dos pobles veïns, i els músics també han d'anar a dormir al parador. Insisteixo, amb la tossuderia que dóna saber que no hi ha cap altra solució, que Seganta o res. Diu que un moment, que ho va a consultar. Al cap d'un minut escolto aquestes paraules que no asseguren res, o potser sí:

—*Ustedes vengan, y ya veremos qué se puede hacer.*

Anirem a Seganta i, efectivament, ja veurem. Fem saber el resultat de la gestió a l'amo del Centenario, que ens tranquil·litza: segur, segur que ho arreglaran. Sempre amable, en Josep s'ofereix: si vostès han de marxar abans de les vuit, no es procupin que jo ja baixaré a fer-los el cafè. Gràcies, no cal. Abans de les vuit no marxarem. Entesos. Bona nit.

11
BAELLS

Que plourà?

Sortim de Peralta sota un cel tapat. Ens han indicat el camí que, pujant, ens ha de dur a Sorita o a Baells, no ho sé ben bé, i no ho sé perquè sembla que és el mateix camí, d'entrada, i només els coneixedors del terreny serien capaços, em temo, d'encertar la tria.

Diuen que Sorita, Sorita de Llitera, és un poble abandonat, encara que algú protesta: hi queden dues persones. Anar a trobar Sorita significa aventurar-se i fer volta, però com que ahir l'exercici va ser modest... A més, per arribar a Baells, si no volem passar per Sorita, també hem d'anar pel dret, que de Peralta no surt cap carretera que hi porti.

De tots els dies de viatge, el d'avui correspon al tram més solitari, segons el mapa. Hem de fer muntanya per deixar el Tossal Gros a l'esquena i continuar cap a llevant, sense que el mapa ens marqui cap camí. Ens fiarem del que ara hem agafat i sobre el qual ens han previngut: «No el deixin fins que siguin prop del coll, i aleshores vagin amb compte: no prenguin el ramal de la dreta, que anirien al castell de la Móra, sinó el de l'esquerre. Veuen? Han d'anar a passar per allà dalt».

Tot és molt clar, quan ho expliquen... Però avui és fosc, literalment fosc, perquè no tan sols el cel continua tapat sinó que cap al Tossal Gros els núvols adquireixen uns volums sospitosos i se'ls veu avançar.

Encara prop de Peralta, que ha quedat a l'esquena, pensem que el temps es presenta molt malament i que potser seria més prudent refer, enrere, allò que hem caminat i tornar al bar Centenario, a esperar a veure tranquil·lament si les coses s'arreglen o s'espatllen.

Trobem un home gran, que torna d'un camp, i li pregunto:

—Que plourà?

L'home no es molesta a mirar la nuvolada.

—Que si plourà? Cauran pedres com caps.

Un mica més amunt hi ha un encreuament de camins que em fa dubtar, però per sort baixa un grup que sembla familiar i m'aclareixen quin és el camí de Sorita.

—Però van a peu?

—Sí senyora, anem a peu.

—Però van a peu i no porten cap *chubasquero*?

—No en portem.

—Doncs no crec que els doni temps d'arribar a Sorita.

Ens miren, a la Isabel i a mi, que anem confiadament vestits com un dia qualsevol, un dia solar i càlid de la Llitera, amb una camisa prima i unes wambes d'estar per casa... Ens miren i algú diu, ben alt i estupefacte:

—*Alabado sea Dios!*

«Alabado sea Dios», sí senyor, si sóc tan inconscient que no faig cas dels pronòstics. Penso que la Isabel pensa que hauríem de tornar enrere però no vull saber si ho pensa, no vull fer cas de res, em surt el rampell del caminant que els dos últims dies ha hagut de modificar els seus plans i no accepto, avui, no aconseguir l'objectiu. I l'objectiu és arribar a Seganta, que a més és l'únic lloc on podrem dormir. I Seganta és lluny, de manera que si tornem al Centenario la història s'esguerra...

Amunt. La pujada es fa forta i seguida, pel vessant del Tossal Gros. Aquest tossal és un punt de referència per als pobles i les valls del voltant, a causa de la altura i la seva forma característica. És una forma de pit femení, una muntanya arrodonida amb una petita protuberància en el punt més alt: el castell de Montmagastre. Aquest començament *Mont* sembla una inventada adaptació popular, si Coromines, l'il·lustre filòleg, té raó: la forma original seria *mamma castri,* o sigui «la mamella del castell». Aquest castell ha fet un gran paper en la història de la frontera cristiana-musulmana. En queda poca cosa més que la torre mestre, rectangular, que la gent en diu Torre de la Móra. A la muntanya, sota el castell, hi ha un santuari amb el mateix nom, Mare de Déu de la Móra.

Fa respecte, aquest tossal, i més en aquest dia brúfol i amenaçador, una amenaça que ràpidament es va concretant: a la dreta de la Móra es veuen llamps, i els trons rodolen pel tossal com si ens volguessin aturar —continuem pujant— amb cops de puny al pit. ¿És que potser estem fent algun sacrilegi, és que el cinc d'agost és un dia nefast i la Mamella no vol ser maternal?

Cauen les primeres gotes, rodones, grosses, espaiades. Després d'aquest preàmbul, estranyament lent, la pluja es precipita, automàtica, vertiginosa. Era tradicional demanar a la Verge de la Móra que plogués:

Cuando la lluvia nos niega
de Dios la justicia Santa,
de este monte se levanta
la nube que el campo riega,
y siempre alcanza el que ruega...

Si algú l'ha invocada avui és algú que té un poder de convicció extraordinari, perquè mai no m'havia caigut al damunt una pluja tan decidida, tan intensa. Tenim la tempesta a sobre. Plou fort, i els llamps obren cortines de llum, que ràpidament es tanquen, en la gran massa d'aigua, una fosca paret que es va fent massissa entre nosaltres i el Tossal Gros.

Veiem una cabana prop de la carretera. Ens fiquem al camp però la porta és tancada. Cau tanta aigua que la necessitat de protegir-nos se'ns fa urgent, elemental. Hi ha algunes alzines, escampades, no gaire fetes, però la Isabel s'hi nega enèrgicament: els llamps són perillosos. L'aiguat s'ha convertit en una trampa sense sortida, som a mitja muntanya, ja no té sentit intentar tornar enrere. Algú hi torna, però. Sentim un soroll de motor, segurament un tractor. S'està en un camp de més amunt i ens hi acostem pel dret, fanguejant. És un home sol, i per un moment torno a pensar que no sé què pensa la Isabel i que jo hauria de pensar si... Pot ser l'última ocasió d'escapar de la tormenta. Rendir-se, vaja. L'home del tractor no ens ho facilita. Sí que ara se'n tornarà cap a Peralta, però ha de passar a recollir un pastor, que s'està sol per aquí dalt amb aquest temps. Vaja. Nosaltres sí que ens quedarem sols per aquí, i amb aquest temps. Abans que el tractor fugi busquem una solució de supervivència i preguntem:

—Hi ha alguna cabana, per aquí?

El motor fa estrèpit, i els llamps i els trons no ajuden a concentrar l'atenció. He d'insistir, quiet sota la pluja.

—Alguna n'hi ha, sí, de cabana...

Li quedaria agraït si entengués que no m'interessa analitzar ara la situació de les cabanes a l'Alta Llitera, i quantificar la seva evolució negativa en els últims cinquanta anys, sinó, simplement, saber si hi ha una cabana prop d'on som.

—N'hi ha una darrera aquella carrasca...

No veig la carrasca, o no sé què vol dir quan diu carrasca, però és igual, veig cap on allarga el braç. Fantàstic.

—És oberta?

—Em sembla que sí, la porta està feta malbé, no es pot tancar.

Som-hi, pel dret. El tractor s'allunya, camí avall. Trobarem algú més a la muntanya? Ens hem llençat a descobrir la cabana, saltem de camp en camp, els peus se'ns hi enfonsen i els treiem pesants de fang, i si allò és la carrasca la cabana no hi és. Hi ha un punt d'excitació frenètica en l'afany de saltar marges, esperant veure el que no es coneix. Costa, però la cabana apareix. La porta és baixa, de fusta grisa i desballestada, l'empenyem, perquè està mig encallada, i entrem. Som a dins.

La cabana

Només hi ha unes quantes branques seques. Cap senyal d'ús habitual, ni de retoc de les parets de pedra. Tenim la tormenta ben bé al damunt, però entre la tormenta i nosaltres hi ha un sostre de palla vella però eficaç, almenys per ara. Em sento com dins un impossible: no em mullo i tot al meu voltant és batut pel vent, pel temporal d'aigua, pels trons espetegants. Plou molt fort. Per la porta entreoberta es veu passar l'aigua a glops furiosos, i els verds i els torrats agafen el mateix color de cendra quan s'encén un llamp.

Jo no m'he assecat pas, encara que els regalims de l'aigua que duia al damunt estoven la terra al meu voltant. A més, ha començat a gotejar dins la cabana, l'aigua es filtra pel sostre. Prop de la porta es fa un toll. De tant en tant hem de canviar de posició, per evitar les filtracions que es multipliquen.

Podem passar-nos-hi tot el dia. I si arriba la nit i tot continua igual, què. Igual no, perquè al sostre hi hauran cada vegada goteres més grosses. I llargues hores drets, o asseguts en incòmodes i baixes pedres punxagudes. Val la pena pensar a quants quilòmetres deu estar Peralta de la Sal, d'on hem sortit? Em nego totalment a fer càlculs i previsions. Sento la força del fatalisme, en alguna banda hi ha Baells, i hi ha Seganta, i ara vivim una parada que deu tenir algun sentit encara que se'ns escapi; per tornar enrere sí que cal valor, molt valor, és una decisió racional, però continuar és molt fàcil, es tracta de no caure en l'error de voler les coses ben fetes, de demanar auxili a la intel·ligència. No. S'ha de ser més modest i apuntar-se a la voluntat. Quan la diversitat d'iniciatives ens angoixi ens salvarà la passivitat de la rutina.

—Quan deixi de ploure continuarem— dic

Allunyant-nos de Peralta, és clar, intentar arribar al coll del Tossal Gros, seguint un camí, després, que no sabem per on ens durà però hem de creure que hi és i és igual on porti, mentre no sigui altra vegada a Peralta.

—I deixarà de ploure aviat— aviso.

Deu fer tres quarts d'hora que ens hem refugiat

aquí. Jo miro des de la porta la falda del Tossal Gros, buscant si hi trobo, més amunt, la ratlla del camí per on hem d'anar a passar. Si no hagués fet la tempesta, ja hi seríem.

La pluja perd força, i es converteix en un plugim amb escassa vocació, no en l'asserenat i compacte plugim d'hivern sinó en quatre gotes que ja no són oratge, en una mena d'accelerada i caòtica transició entre el ploure i el no ploure.

Sortim de la cabana. Encara trona, però hi ha més llum cap a la banda de ponent de la Móra, el vent sembla que porta núvols més fins. Acabarà aclarint. Fa una mica de fred, i entrem altra vegada a la cabana. Acordem que esperarem a continuar que no hi hagi tanta negror sobre el camí que es veu a la muntanya del davant, i al qual hem d'arribar.

Ha deixat de ploure. Carreguem les motxilles i arranquem. Girem el cap i la cabana ens sembla bastant baixa. Però ha aguantat. És una cabana qualsevol, antiga, decrèpita. No la tornaré a veure mai més. Tan meva, ara, i una altra vegada potser no sabria ni trobar-la. Marxem, marxem.

Tormenta a la muntanya

Si la cabana estés al costat del camí ens estalviaríem ara haver de tornar a travessar els camps llaurats i xops, on les wambes queden enganxades quan un alça el peu, i ha de mantenir prodigiosament l'equilibri per no caure de cul al fang i aconseguir ficar el peu, altra vegada, dins la flexible sabata que s'amaga gairebé del tot en la terra fangosa.

Un cop al camí veiem que la pujada es fa més solemne, potser és la proximitat del santuari de la Móra, o l'evocació del castell. Tinc la torre del castell a la dreta. Comencem a voltar el Tossal Gros, dibuixant una línia que puja llargament. Hi ha el ramal que s'enfila cap a dalt, cap a la Móra o cap al mugró de Montmagastre, i el deixem, per continuar pel que no puja tant de dret, pel que ja comença a planejar per la serra.

La tormenta torna, ara per la dreta, fregant la carena de la serra. Nova mullena. És curiós: hi plou molt poc a la Llitera, i les dues úniques tempestes de l'estiu hauran coincidit amb el meu pas per aquests camins muntanyencs, desprotegits, solitaris.

Suposava que podia tornar la pluja, quan sortia de la cabana, però no m'havia passat pel cap que es reproduís la tormenta amb més intensitat encara. Les ulleres se m'omplen d'aigua i en cau massa, d'aigua, per poder prendre qualsevol precaució. Penso que potser la motxilla s'inunda i l'aigua està amarant-ho tot. I on és la màquina de retratar? I com acabarà el bloc de notes que duc a la butxaca? Han tornat els llamps, els trons, i ja no pensem en cabanes. El camí és estrany, molt ample, irregular, com un esbós de carretera. Com més plou, més correm.

Potser gràcies a això, a córrer, no m'aturo ni discuteixo amb la Isabel davant d'un camí que em sembla que era bo agafar-lo, a la dreta, i que baixava una mica.

Ella, quan veu el meu dubte, em fa que no, enèrgicament, i continua endavant. El que m'irrita és no saber on som. On duu aquest camí estrany, del qual ningú no ens ha parlat? De cop entreveig al lluny unes edificacions, adosades a una paret de roca, a un nivell una mica més baix i a l'altre costat de la vall. Pot ser Sorita? Ja no hi havia pensat més, en Sorita. No em sembla un poble, allò. Per aquí hi deu haver una ermita, la de Sant Urbà, i també les runes d'una antiga granja dels escolapis. És una visió molt curta, que la pluja fa boirosa, és una imatge molt desdibuixada, però no se m'acudeix aturar-me per netejar-me les ulleres i menys consultar el mapa. Seria deixar-lo destrossat sota el temporal. Tinc la impressió que ens desviem massa cap al nord, i ho crido a la Isabel. «Però què vols fer?» em diu. «¿Tenim alguna altra solució que no sigui seguir aquest camí? Bé portarà a algun lloc.»

Aquesta segona tormenta d'avui és més forta que la primera, i que la d'abans d'ahir, quan anàvem de Calassanç a Peralta, i més impressionant per l'altura. Ens ha agafat en el trajecte més enlairat i solitari que havíem previst per la Llitera. Els llamps fan angúnia, perquè cauen a banda i banda, propers, però és com si fossin els cops de fuet que fan córrer un cavall, ens estimulen a córrer, però no és perillós, córrer?, quan cauen llamps, i no pas al fons d'una vall sinó aquí a la muntanya?, si em començo a preocupar per si els llamps corren darrera els qui corren... és un pensament que dura una mil·lèsima. A quilòmetres lluny de qualsevol persona, costa imaginar ara una casa, un poble, i rebent la tempesta en el punt més alt i desèrtic de la serra, tinc ganes de cridar el més elemental auxili, la protesta angoixada: no es pot acabar, això?

Hi ha un moment que es continua corrent per inèrcia, i la consciència del que s'està fent queda molt esborrada, i potser aquesta suspensió de l'energia mental és una decisió molt oportuna i hàbil de l'instint humà: cal evitar l'aparició en aquest moment d'interrogants secundaris. En circumstàncies adverses, hi ha un fet principal que és sortir de la situació i un cop s'ha decidit que la sortida és seguir aquell camí, i no se sap on durà i quan, totes les forces s'han de concentrar en l'esforç físic. Estem terriblement xops, i a estones correm. Anem molt depressa, però aquest misteriós camí no s'acaba mai.

Un poble

Es veu un poble, finalment. Bastant lluny i molt enfilat, a l'altra banda de la vall. Quin poble deu ser? M'agradaria poder consultar el petit mapa, per saber una mica on sóc i si, com em temo, ens hem desviat a l'esquerra, cap al nord, cap a la Ribagorça. Però no ho faig, és una idea que no acaba de formar-se, perquè és evident que ja no puc aturar-me i menys obrir la motxilla o una butxaca sota l'aiguat. El cos i el cervell, quan són pressionats, no fallen mai les prioritats. Ara la qüestió no és saber, sinó arribar. Poques vegades, en un viatge a peu, m'he sentit tan desorientat, i mai, em sembla, he corregut amb tanta decisió.

La vall, fins on la pluja ens deixa veure, s'eixampla una mica, però nosaltres avancem pel camí enlairat, gairebé tocant a la carena. Al davant mateix, potser a més de dos quilòmetres, se'ns apareix un instant un altre poble. Impossible identificar res, l'aiguat el tapa altra vegada. Però hi ha un poble, en aquesta banda de la vall, i aquest camí ens hi duu! Quin poble? La Isabel diu que podria ser Baells. Baells?... Tant de bo, perquè recordo haver vist en un mapa que hi ha una carretera que passa per Baells, i això vol dir un poble comunicat. Ja no ens hem recordat de Sorita, el poble abandonat. I si això no és Baells serà un altre lloc i la qüestió és ser-hi.

Són els moments més forts de la tempesta. Els

llamps han anat espaiant-se, però l'aigua es concentra sobre els nostres caps, les nostres espatlles, els nostres peus, que ja no esquiven els bassiols per no afluixar la marxa. Hi ha tanta aigua que el fang de les wambes salta ràpidament.

El poble de nom encara desconegut no l'hem tornat a veure, segurament l'amaguen els revolts immediats. La sensació que ja estem a punt de sortir de la situació permet el relaxament, un instant de descompressió: ja podem rebaixar el ritme unes quantes passes, i moure els ulls del camí i a través de les ulleres enaigüades recollir les formes de la vall i pensar «és bonic, això», i veure'ns nosaltres mateixos com si fossin contemplats per un altre, «però què hi fan aquests dos, aquí, avui!», i això ja és un signe que la seqüència s'està acabant.

A un centenar de metres hi ha una ermita, i no gaire més lluny un parell d'edificis aïllats, magatzems agrícoles, potser. Un carrer de poble, dins una estructura de poble, encara no es fa present. Continuem. Més endavant, a la dreta hi ha un casa baixa, que sembla moderna o modernitzada, i a la porta hi ha un timbre. Truquem, sota la pluja implacable. No contesten. Potser no hi ha ningú, potser amb la tempesta no hi ha llum. Pico amb el puny, repetidament. La porta de la casa no té cap petita marquesina que em protegeixi de l'aigua que cau.

—Deixem-ho, o no hi són o no volen obrir.

Fugaçment he pensat que allò era com una pel·lícula. Una parella forastera arribava a un poble desconegut, sota un temporal, trucaven a la primera casa del poble, inútilment, miraven enllà, desanimats, mentre l'aigua els rajava galtes i coll avall... Però hi faltava la música.

Arranquem a córrer i arribem a un punt on hi ha una confluència de carrers, això deu ser el centre del poble, i veiem una casa que ens atrau, perquè la porta del carrer, estreta, està tapada per una cortineta d'aquelles de colors. Allà hi deu haver algú! Travessem amb una corredissa i empenyem la porta, que afortunadament s'obre.

Hi ha un home i tres dones. És una mena de carnisseria o botiga, petita, i la nostra irrupció deu ser un xoc, un fet imprevisible. Tampoc no és normal el primer que diem:

—A quin poble som?

Ens miren, sense entendre res. Com pot ser que no sàpiguen...

—És Baells, això?— pregunta la Isabel.

—Baells, és clar.

La Isabel tenía raó. No ens havíem desviat, com jo em temia. El camí que havíem seguit era el bo, si no ens volíem perdre pels despoblats de Sorita, al nord, o de Quatrecorts, al sud. En aquell dia fosc, llampeguejant i ple d'aigua, el camí havia estat providencial.

El cafè de Baells

Expliquem d'on venim, però és més expressiu el bassal d'aigua que deixem al terra de la botiga. Les dones no se'n saben avenir. M'imagino que s'estaven a la botiga, com cada dia, xerrant tranquil·lament, i que es troben amb la raresa de la tempesta i després els dos individus que porta la tempesta. Ens escolten, ens veuen i ens planyen. Però nosaltres, quan ja sabem que som a Baells, tenim una altra pregunta urgent: «Hi deu haver un café, al poble, oi?»

Diuen que sí, el que no saben és si estarà obert. Vols dir? Sí, dona, i si volen hi podran menjar alguna cosa. Doncs jo no n'estaria tan segura. Que no som dissabte, avui? Una de les senyores abandona la discussió i demana al de la botiga si li poden deixar un paraigua, perquè ens hi acompanyarà, al cafè. Aquesta senyora que té les idees clares és de can Vidal o de ca l'Alcalde.

No hem d'anar gaire lluny. El cafè és en un pis, d'on baixa una senyora quan la nostra acompanyant la crida. Ens mira, al peu de l'estreta escala. És impossible saber què pensa, i fa els gestos suficients per fer-nos entendre que ens acull. Som-hi, pugem l'escala. Al pis hi ha una sala, que a desgrat del dia es lluminosa, gràcies a l'amplitud dels finestrals, amb quatre taules, un taulell de bar, un televisor... Compareix una noia, que potser és filla de la mestressa. Deixem les motxilles a terra. Tot queda immediatament mullat. Ens sap greu fer aquell mullader, i mai més ben dit, i arribar en aquesta casa d'una manera no gaire correcta. Comencem a treure el que hi ha dins les motxilles i tot està absolutament xop. La roba de recanvi no pot fer de recanvi, perque està tan mullada com la que portem posada.

Intentem analitzar quines possibilitats tenim, i quan no sabíem què fer la senyora del bar ens porta una estufa de butà. La posa al mig de la sala, l'encén i ràpidament agafem sis cadires i les posem en semicercle davant l'estufa. Aleshores repartim i pengem la roba en les sis cadires. Les sabatilles o wambes, a terra. Toco els dos pantalons i me'n vaig al lavabo a posar-me els menys mullats. La Isabel no sap què fer, no té cap peça de roba seca. «Amb això posat agafarà una pulmonia», i la mestressa li va a buscar una bata. La dona parla poc, però se'n preocupa molt.

Al cap de cinc minuts sec en una cadira, contemplo la parada que hem muntat al voltant de l'estufa, el terra es va omplint d'aigua... i després de prendre un glop de cafè amb llet estiro les cames i carrego lentament una pipa. El bar es diu Benedicto. Una benedicció.

El televisor funciona perfectament. Les imatges són claríssimes i em deixa parat que estiguin mirant, ara, el Canal 33, que es veu molt millor aquí a Baells que a casa meva, a Barcelona. De cop em fa angúnia, no sé perquè, imaginar que d'aquí a dos mesos potser em veuran aparèixer en aquest televisor, cada setmana, i que la noia del cafè —que té a les mans un comandament a distància, i de tant en tant mira què fan als altres canals— dirà: «mira-te'l!, si aquest és aquell que va arribar el dia de la tormenta, fet una sopa!...» «No pot ser, noia... Ves si hauria anat a peu per la Llitera, aquest senyor...» «Era un senyor que prenia notes...» «Però no parla pas de la Llitera, ara aquí a la tele, ni de la tormenta...»

A Baells la tarda comença rebaixant la pluja, que s'ha fet més fina, sense escenografia estrepitosa. No és estrany que la noia manipuli sovint el comandament a distància, ni que en aquests pobles en franca regressió hi hagi molts televisors i vídeos i aparells d'alta fidelitat. Els qui hi aguanten han de tenir eines per sobreviure. La mestressa del cafè diu que Baells té ara uns cent vint habitants. Els anys seixanta molta gent se'n va anar a ciutat, sembla que allà lligaven gossos amb llonganisses, molts hi van anar, perquè aquí l'agricultura sempre ha anat malament. Van marxar... i després ha resultat que a ciutat tampoc no els ha anat tan bé com això.

Ens farà dinar i ens pregunta a quina hora el volem. Després de l'ocupació del bar, hem d'aprofitar aquesta oportunitat per a exercir la cortesia. Pregunto a quina hora tenen el costum de dinar, ells. A les dues. Doncs si els sembla bé, nosaltres podem dinar a dos quarts de dues, per no destorbar-los. I una cosa senzilla. Quan sigui l'hora ens portarà amanida, truita amb patates, pernil del país i un préssec.

La família Benedicto

La mare, la filla i el nen, aquesta és la família de cal Benedicto. El pare es va morir fa dos anys. És aquesta absència la que porta impresa als ulls la mestressa, és aquest dolor allò que encara li encarcara els gestos. Necessita temps per suavitzar-se davant uns intrusos com nosaltres. El dia continua tapat, però plou molt poc, ja. Estenc damunt la taula el que havia estat el meu mapa de camí. L'aigua ha esborrat carreteres i muntanyes i pobles. Els noms són il·legibles. El nen ens pregunta: «I com s'ho faran, sense mapa?». «No ho sé, perquè ni a Tamarit en vam trobar cap, de la Llitera. Però ara els camins seran més fàcils...»

En canvi, el bloc de notes l'he aconseguit salvar del desastre, només té uns desperfectes insignificants. Hi apunto això que acabo d'escriure aquí, que la mestressa és vídua, i a la taula del costat la noia també escriu.

—Estudies? —li demano.

—Sí... —Té una cara oberta, neta, d'expressió un punt reflexiva, que potser la fa més gran. —Faig el BUP a Tamarit.

No tinc temps de dir que em sembla una mica lluny.

—Sí, és on el puc fer. Hi vaig i en torno cada dia, de Tamarit.

—I t'agrada estudiar.

—Sí. Jo vull fer Ciències, però no Medicina, eh?, la sang m'espanta, Medicina no. A mi el que m'agrada més són les Matemàtiques i la Física. Però encara no ho sé ben bé què faré. Si estudiaré. Altres noies sí que ho saben.

Li dic que em sembla que ja ho veurà clar, i aleshores em diu, lentament, sense massa entonació:

—El pare es va morir, i he d'ajudar la mare, i a més tinc un germà petit.

—Com et dius?

—Adoración per obligació, però jo em dic Dori. Em van posar Adoración perquè Dori no m'ho volien posar, però tothom em diu Dori, i sóc la Dori.

—Que tens moltes amigues?

—Home... algunes.

—Ho dic perquè avui és festa major a Estopanyà, i aquí al cafè teniu un cartell que ho anuncia.

—I també és festa major a Natjà.

—Caram! I tu...

—Jo aniria a Estopanyà, però a Natjà hi tinc amigues, precisament, i no sé què fer.

El cartell que anuncia la festa major d'Estopanyà és redactat en català. A les 6 hi haurà un festival infantil. Sessions de ball, tarda i nit, «amb marxa a tope pel grup Claqué». El dia 6 «melodies d'avui i de sempre amb el Grup Mogambo». Signen el cartell les Representacions Musicals Joan Boada Soler, de Lleida.

La Dori, divuit anys, mira altra vegada les seves llibretes, esperant l'hora de triar la festa. Des del balcó es veu un paisatge bonic, amb els colors intensificats per la pluja recent. En aquest moment no plou.

Entra el nen, que es diu Carlos, i li pregunto si tornarà l'aiguat, que ell aquestes coses les deu saber. En

Carlos, onze anys, pensa que no. Aquest matí ha anat a l'hort i l'ha agafat la pedregada.

—Però l'aigua és bona, sap?

—I tant! Hem tingut pega que les úniques tormentes les hàgim agafat nosaltres caminant, però és clar que l'aigua és bona.

En Carlos, grasset, galta-rosat, tranquil i bon noi, espera que jo acabi per afegir-hi una de les coses que ell sap i un ciutadà com jo segur que no:

—Però l'aigua no és bona només pels camps, eh?, també és bona per les ovelles. —Ah, sí?... —Sí, perquè amb la calor estan inflamades, i així es desinflamen. M'entén?

L'entenc.

Torna a ploure i a tronar. Des del balcó veig, al davant mateix, un edifici imposant: és el castell-palau del marquès d'Alfarràs, diu la Dori. És una construcció gran i esplèndida, però em sembla força abandonada. Als baixos hi han instal·lat alguna cosa, sembla una fusteria.

Desplego sobre una taula el meu mapa, que s'ha anat assecant però que no pot recuperar del tot el dibuix perdut. En Carlos s'ho mira i desapareix. Quan torna porta uns quaderns de l'escola on hi ha mapes, també de la Llitera, fets per ell. Me'ls ensenya, i posa el dit damunt la rodoneta d'on som, *Baells,* i més amunt el punt de *Natjà,* i encara més amunt *Seganta...*

—Ja hauríem de marxar cap a Natjà —dic— però ara torna a ploure...

En Carlos ho té clar:

—No durarà, la pluja. El difícil és que arribin a Natjà.

En Carlos ha après a fer unes pauses que es noten, i que fan esperar la frase següent. En Carlos, com la seva germana Dori, deuen haver crescut molt durant aquests dos anys sense pare.

—Que no hi ha carretera, per anar a Natjà?

—Des d'aquí, no. Oi que vostès han vingut per un camí molt ample, que és una explanació? Doncs hi ha mapes que el marquen com si fos una carretera feta. La gent et pregunta on és la carretera de Baells a Peralta, i li dius que no n'hi ha, i llavors t'ensenyen el mapa amb la carretera dibuixada, i tu dius que fa temps que la van pensar, aquesta carretera, això sí, però que prou.

—I la de Natjà tampoc hi és?

—La de Natjà passa per més amunt, i per arribar-hi s'ha d'anar per un camí que surt d'aquí mateix, és un camí directe, però segur que ara baixa la barrancada i l'ha tallat. Quan plou com avui sempre baixa, la barrancada. Si s'aclareix ho anirem a veure.

Amics

A l'hora de les notícies engeguen el televisor «perquè potser els interessa veure-ho, si són fora de casa...» La mestressa, la vídua, la mare, ja ha esvaït amb nosaltres ombres i recels. Li hem apagat mitja estufa quan ens ha semblat que ja n'hi havia prou, hem plegat la roba més seca i hem reduït la parada a un parell de cadires.

A vegades la mare entra i surt, i deu veure, de lluny, com la Isabel i jo passem l'estona amb els seus fills, que no es mouran d'aquesta casa en tota la tarda, i és dissabte, i tot i ser dissabte i ploure poc, ja, no ha vingut cap client al cafè Benedicto, només una noieta que és l'amiga de la Dori, i segurament pensaven si a la nit podrien anar a Natjà, i amb qui hi anirien i amb qui es trobarien.

Jo escric unes ratlles, al bloc, i m'adono del silenci que hi ha en aquest fals cafè, en aquesta autèntica casa de Baells, visitada fa dos anys per l'adversitat i on ara creix a poc a poc una fràgil flor sentimental. Miro la Dori, divuit anys, i en Carlos, onze, asseguts a la mateixa taula, cada u fent la seva feina, i de tant en tant alcen els caps, i els ulls es troben, i ella somriu dolçament i ell fa una ganyota seriosa, i es parlen en veu baixa —perquè jo escric, potser— i jo convisc amb aquesta família amb una naturalitat que pot arribar a fer mal, perquè tinc aquí mateix aquesta Dori que voldria estudiar Ciències i... i el germanet, que de bon matí ja era a l'hort, li posa confiadament una mà sobre la seva, i com s'acabarà lligant o deslligant aquesta delicada relació entre els voldria i els puc?

Carlos s'alça de la seva taula i se'ns acosta amb un paper a la mà. Ens ha fet un mapa. Sense dir-nos res, ha copiat un mapa d'una llibreta, perquè així no anirem sense. Ens pregunta si ens servirà. I tant, dic, i li demano que el signi. Escriu: Carlos Benedicto. I perquè si trobem una altra tempesta no se'ns faci malbé, ens posa el mapa que ha dibuixat dins una funda de plàstic. Mou el cap com si pensés: «ja hauríeu pogut fer el mateix, vosaltres, i el mapa no se us hauria mullat.»

Ha deixat de ploure i es veu un tros de cel blau. Convé marxar. Convé marxar, sí. Paguem, omplim les motxilles, ens les pengem a l'esquena. Donem les gràcies a la mestressa, i diu que ens acompanya al carrer i que si volem ens obre l'església, perquè té la clau.

Baixem al carrer ella, la Dori, en Carlos, la Isabel i jo. La clau de l'església és enorme. Hi entrem tot el grup: la mare, la Dori, en Carlos, la Isabel i jo. Mirem el retaule barroc, de talla, i els dels altars laterals. Com s'han pogut conservar? Els de les altres esglésies de la Llitera van ser destruïts. La dona ho explica així: «Aquí no els van deixar entrar».

Quan sortim al carrer veiem que s'ha aclarit força cap a ponent, i que de moment no hi ha perill de pluja. Anàvem a acomiadar-nos, però ens volen acompanyar un tros, per ensenyar-nos quin és el camí que duu a Natjà, «i així podrem veure si baixa la barrancada».

Ja no baixa, però s'esgarrifen de veure les destrosses que l'aiguat ha fet en el camí, el mateix aiguat que durant tant de temps ens ha caigut al damunt. La barrancada, que diu en Carlos, no baixa, només un rierol una mica ràpid però pacífic. Anem a fer un salt per intentar passar-lo, quan la dona del bar li diu al seu fill no sé què en veu baixa. En Carlos en fa cas i busca tres pedres planes i les reparteix enmig del rierol, perquè ens facin de passera.

Només fa tres hores, potser una mica més, que la Isabel i jo arribàvem, xops, a un pis de Baells, i ara ells són allà, al peu del camí, a l'altra banda del rierol, movent els braços, dient-nos adéu, i es fan petits, la mare, en Carlos —porto el seu mapa—, la Dori, les Ciències, quina ràbia, quina pena, diuen adéu, adéu, per què han de saludar tant, ara?, per què el camí no gira d'un cop?

12
NATJÀ I SEGANTA

El poble més alt

El camí puja i tenim Natjà davant dels ulls, enfilat a la muntanya del davant, hi poden haver quatre o cinc quilòmetres... pel dret. Això sí que ens ho han aconsellat, els de can Benedicto. Primer hi ha un camí que seguim fins a trobar la carretera que va de Lleida a l'Aran. La trobem, en efecte. És la primera carretera que veiem, avui, i fa dies que no n'havíem vist cap de tan concorreguda. És clar, és dissabte i hi ha circulació cap a la Vall d'Aran. No està pas tan lluny del camí que havíem fet nosaltres, al matí, sota la tempesta, i és curiós com dues realitats tan contraposades —la corrua de cotxes amb radio-cassette, la parella corrent quilòmetres sota l'aiguat— poden ser tan pròximes i simultànies. Des d'aquí, des del marge d'aquesta carretera, miro vall enllà, on hi ha Baells al peu d'una alta serralada, amb el cim de Montdevalls, i tota aquesta serra és la que hem seguit fa unes hores. Enmig de la tempesta i sense saber on anàvem. Ara, en canvi, tot està perfectament situat en un escenari d'aire net, encara que corrin alguns núvols. Baells allà baix, ja li podem donar l'últim cop d'ull. Aquí la carretera, que no agafarem perquè fa massa volta. La travessem i a l'altra banda trobem la continuació de la drecera cap a Natjà. Un camp d'ametllers i amunt, més amunt. Natjà no es veu, ara, la muntanya fa esquena. Pujar a cegues fa que l'ascensió sembli més llarga i feixuga. Descansem un minut. El paisatge de la vall és esplèndid, a contra-sol. S'endevinen, cap a llevant, terres més baixes, a les quals ens acostarem demà, si tot va bé.

Reprenem la marxa fins que apareix Natjà, perfilat en una roca abrupta, poble petit, on diu que hi viuen una cinquantena de persones. L'últim tros és francament dur.

Durant molt temps la gent d'aquí dalt no va voler ser agregada a Baells, però al final va perdre una batalla que la cobla ha recollit:

Els de Baells
tot u volen per ells
y els de Nachá
no se u volen da.

Arribem a les primeres cases i tot seguit hi ha una cantonada, per on es deu entrar al poble. Entrar-hi i quedar-se aquí. A la paret hi ha un rètol d'un simplicitat exemplar: *Plaza.* Així. Ni plaça d'això ni plaça d'aquell. En aquesta plaça —que és la plaça més plaça de totes les que es bategen i es rebategen— hi ha mitja dotzena de persones que parlen, i la petita plaça en ressona, i parlen i tenen un vas a la mà, aquí, perquè allà mateix hi ha el bar, però és ple. No els ha sorprès gaire, em sembla, veure l'arribada d'un parell de persones fàcilment etiquetables d'excursionistes. Natjà domina un gran panorama, i amb cotxe l'accés és còmode. Podria ser un centre turístic. De moment és la nostra última parada abans de Seganta, que és on hi ha el parador on pensem acabar un jornada prou intensa.

Ens agradaria veure algun acte de festa major, però no serà possible. Hi havia un partit de futbol, però s'ha suspès per l'estat del terreny. No m'estranya. Confien, en canvi, que vinguin els músics. Pregunto a quina hora. Uns em diuen a les sis de la tarda, o sigui ara mateix. Uns altres em diuen a les set. Hi ha els que asseguren que arribaran a les vuit. Ja se sap. No veuré els músics però vaig a veure l'empostissat, a la sortida d'aquest carrer. No n'hi caben pas més de mitja dotzena, de músics, i pengen banderetes amb les quatre barres.

Una colla de nens i nenes esperen els músics jugant davant l'empostissat. Per a ells sí que som una novetat. No ens coneixen, no ens fitxen, veuen que som realments forasters. Ens envolten immediatament, ens interroguen. Els expliquem que estem fent la volta a peu a la Llitera, i ens miren les motxilles, i els barrets de palla, i els ulls, les cames, què sé jo, com si allò que estan veient fos la televisió, però tocable. Una nena, que diu que es diu Carmen, i se la veu molt llesta, diu que ara és aquí però que ella és del Torricó. Li diem que ja hi hem estat, al Torricó, al seu poble. No s'ho acaba de creure. Quan li citem el bar Ariño obre els ulls com taronges. S'interessen, s'enganxen.

Aquí mateix hi ha l'església, en un turonet, i ens hi acostem. La quitxalla ens segueix i ens avisa, cridant: «Està tancada!». Un nen s'avança cap a la porta i truca. «Veus?».

Anem a donar un cop d'ull al bar, i els nens es queden en el seu territori. El local és petit i està atapeït. A l'esquerra hi ha quatre o cinc taules, amb gent que juga a cartes. A la dreta hi ha un taulell, curt, en un racó que queda en un nivell més alt. Pugem els graons i demanem un cafè i una aigua. La concentració de persones per pam quadrat dins aquestes parets no té competència en tota la Llitera.

Quan volem pagar ens diuen que ja està pagat. Ho ha fet un home que es diu Joan, que es veu que ha convidat una colla, i a nosaltres també. Ha dit a la noia del bar: «Totes les d'aquí dalt!» —les consumicions fetes a la barra— i jo intento identificar en Joan per donar-li les gràcies. «Nosaltres som forasters que...» L'home té bon humor, quan diu: «He dit totes les d'aquí dalt per simplificar-ho, perquè si he de començar a dir aquest sí, aquest no...» I es gira i crida: «Però ara que no hi pugi ningú més, aquí dalt!» No sé per què em sembla que aquest petit cafè no funciona pas sempre, que algú ha vingut a obrir-lo només per la festa major, o potser durant unes setmanes d'estiu. El porta una gent que no té l'aire de viure sempre aquí.

Sortim a examinar la situació. I el panorama. A baix, a la vall, es veu Camporrells, on havíem previst dormir perquè sabíem que hi ha un balneari. Però res. Hi passarem demà, per Camporrells. Des de l'altura de Natjà, set-cents cinquanta metres, el poble més alt de la Llitera, es veu esplèndida la serralada del Montsec, allargada i rosada pel sol, un rosa blavós que és un delicadíssim color pastel que suavitza la pedra.

Un vell, que veu que anem de camí, ens pregunta si hem vist les tormentes d'aquest matí. Sí senyor, les hem viscudes a la muntanya. «Doncs n'hi haurà una altra, de tormenta», avisa. «Home, no!...» «Escolti què li dic, una tormenta ve de Catalunya». I allarga el braç cap al Montsec, i aleshores he d'esforçar-me a entendre que allò és Catalunya i això no. Miro el cel que tenim al damunt i encara que hi ha algun núvol confio que no ens plourà tot anant cap a Seganta, on hi ha la gasolinera que ens ha d'acollir.

Cap al Parador

Com que no se sap quan arribaran els músics, si és que finalment arriben, i ja tenim prou pluja al damunt per avui, pel que pugui passar deixem Natjà. Però no agafem la carretera, que volta uns set quilòmetres fins arribar al parador-gasolinera, sinó un camí que ens aconsellen perquè diuen que ens estalviarem la meitat de trajecte. Que no ens podem perdre. Ensopegar, sí, perquè en el primer tram el camí és pedregós, i a estones enfangat, però també té moments molt bonics, quan anem trepitjant fulles en un ample, silenciós i humit camp d'alzines. Com que el camí continua enlairat el panorama és suggestiu i ara veiem Natjà per l'altra banda, pel nord, perfilat i ja sense volum, com una estampa antiga, silueta grisa a contra-sol. Al final d'un pujada passem pel costat d'una pedrera, i a partir d'aquí el camí planeja, és molt agradable. A estones es veu la carretera, resseguint els vessants de la muntanya de l'esquerre.

Després del pla, el camí comença a baixar, i aviat s'obre davant nostre, bastant més avall, una plana assolellada. Deu ser la Baixa Ribagorça, ja. La Llitera arriba fins aquí, on hi ha la serra de Sant Quilis i la del Molar, que marquen realment un canvi. Mentre baixem a poc a poc anem sentint el pes de l'Alta Llitera a l'esquena, i tenim la impressió que entrem amb aquest bagatge en una terra nova.

Encara un mica enlairats, descobrim en el pla un edifici que potser és el parador, que diuen. És massa lluny, encara, i uns arbres gairebé el tapen, però podria ser-ho perquè deu estar tocant a una carretera.

Baixem ara més de pressa i arribem a la vall, on el nostre camí torna a ser, com en sortir de Natjà, a estones pedregós i a estones entollat per les pluges recents. Hi ha un moment que sentim clarament els motors dels cotxes, perquè en el seu últim tram el nostre camí avança entre dues carreteres que van a confluir. En aquest punt s'ha instal·lat la gasolinera.

Pugem del camí a l'asfalt i, efectivament, hi ha una estació de servei i, al costat, una mena de pavelló o edifici baix i allargat. Per primera vegada, durant el viatge, un establiment hostaler que ho diu en un rètol gran i turístic: Mesón Portal del Pirineo.

Entrem. És un bar amb un llarg taulell, i al darrera una noia morena i viva d'expressió i de gest. Quan començo a parlar-li d'habitacions, salta: «¿Usted es el señor que llamó ayer?». Tot està resolt, l'hem de seguir. El problema dels músics, saben? ara hi ha tres festes majors, per aquí, i no saben on dormir, però tot resolt. Al final d'un corredor hi ha les habitacions, totes funcionals, allò de «parador» per una nit i continuar el viatge, per tant providencials, encara més per a uns que han sortit aquest matí, caminant, de Peralta de la Sal. La noia no se'n sap avenir, d'això.

El que jo trobo impossible, i encara ho trobo, estirat ja al meu llit, és haver-lo trobat, aquest llit. Hi ha tres pobles del rodal que celebren la festa major al mateix temps. Natjà, Purroi i Estopanyà. I els músics han de venir a dormir aquí? La noia morena troba que és una bestiesa, fer les festes al mateix temps. Diu que hi ha massa poca gent per repartir-se entre els tres pobles. I tot es veu mort. La setmana passada va ser la festa major de Camporrells, però només n'era a Camporrells, i es veia més animació.

Hi ha un bany al costat de la meva habitació i sento un home que hi canta: *strangers in the night...* S'està dutxant, o potser banyant, perquè la interpretació dura bastants minuts. Empalma una peça amb una altra, totes són de repertori clàssic, i m'arriba perfectament el matís de cada efecte vocal, que a vegades exagera o accentua amb veu tremolosa perquè l'aigua deu sortir inesperadament freda, en aquell instant... Deu ser un dels músics que han d'anar a tocar en un d'aquests pobles.

Seganta

A quarts de nou la Isabel i jo ens trobem al cafè del parador. Preguntem a la noia morena on para Seganta, si és que Seganta és un nom de lloc, perquè d'aquest establiment la gent en diu el parador de Seganta, però el rètol no.

—Seganta és aquí mateix, són dues cases, a l'altra banda de la carretera de Camporrells. És un passeig de res...

Pocs minuts de camí, però molts segles de gruix separen la gasolinera de les cases de Seganta, rústegues, d'un gris ennoblit, dues cases amb corrals i pallisses, tot voltat d'alzines magnífiques, que semblen les àvies del camp. Seganta és això, un indret rural petit, un conjunt perfectament harmònic i delimitat. Hi ha una ermita de façana molt modesta. I pallisses antigues tancades per murs de pedra. Tot plegat deu tenir setanta o vuitanta metres de diàmetre, i és com si fos una «unitat bucòlica» transportable, una peça independent de la resta del paisatge, un pessebre evocador instal·lat en la plana esbravada.

Passa un home, amb una aixada a l'espatlla, com a les pel·lícules. Aquest diorama té les seves figures, i també joves. La noia del parador em sembla que ha deixat entendre que festeja amb un dels nois d'aquest racó.

La llum del dia se'n va, a poc a poc. Pugem cap al parador, d'on es veu la plana, solcada per lleugeres ondulacions, amb rostolls extensos clapats d'alzines. Cap excentricitat. El més agosarat és el poble de Pilzà, enfilat en un turó que es descara al mig de la plana, cap al nord.

Travessant els camps propers s'acosta un ramat d'ovelles, amb un pastor i dos gossos. Avancen per un camí rogenc, els gossos salten a dreta i a esquerra, una mica inútilment, perquè les ovelles ja saben que van a tancar aquí, a Seganta.

La noia morena de l'hostal em pregunta si m'ha agradat, Seganta. No l'enganyo: molt. Ella s'engega i m'explica:

—Hi ha dues famílies a les cases velles, i nosaltres, o sigui que només som tres famílies.

Vivint en aquest parador, doncs, es considera de Seganta.

—És clar! —Per a ella és claríssim. —En una de les famílies hi ha quatre joves, i en la nostra som tres, i això ho ha animat molt, ha canviat des que vam arribar nosaltres, ara fa dos anys. L'altra família és diferent. Són una dona de més de noranta anys i els fills són grans i solters. Ja no és tan fàcil entendre-s'hi. Miri, li explicaré un cas que ara tenim, que és el problema del camí de Seganta. —La noia en parla amb passió, però també amb el rigor d'un informe, d'una joventut que es preocupa de les coses. —Hem d'arreglar un camí perquè un tractor amb remolc, per exemple, o un camió, puguin entrar a Seganta amb seguretat. La

Diputació vol asfaltar el camí nou, perquè és més fàcil, però jo no hi estic d'acord. El camí vell és el camí històric de Seganta, i si ara estan disposats a arreglar el nou és perquè els sortirà més barat. Ara: hauran de tallar arbres, i jo no hi passo.

Li dic que això no s'ha de discutir, que les alzines de Seganta són intocables, i que el camí que s'ha de posar al dia és el que les respecti.

—Oi que sí? Doncs miri, de les tres famílies, dues estem d'acord, però encara no sabem què passarà amb la Diputació, perquè a l'altra família, la dels grans, tot això li és igual, i a més és la propietària del terreny del camí, per tant...

Fa poc que Seganta era només un nom curiós, per a mi, una gasolinera, la possibilitat d'un llit que m'obligava a sortir de la Llitera. I prou. Ara és una olla que bull, un fet bategant.

—I no li han parlat de les festes de maig? Ui, el maig passat se'ns va acudir de fer unes festes a Seganta que ningú no s'ho creia. Vam organitzat un sopar i hi van anar dues-centes persones! Si ho hagués vist! I després ball, sí, sí, a Seganta, entre aquelles alzines que a vostè li han agradat tant!

L'entusiasme dels joves. Em fa impressió aquesta noia, que diu tot això servint cafès a passavolants motoritzats, i fa compatible el negoci estàndard amb un sentiment de pertinença, viscut com un sentiment reanimador. Les dues cases rurals són el Seganta vell. A cinquanta metres, la gasolinera-parador és el Seganta nou. El noi d'una de les cases velles vindrà aquesta nit, després de sopar, a ajudar la noia morena del bar. És dissabte.

Al cafè hi ha un home, ara, que deu ser l'amo. Ens diu que potser és millor que sopem aviat, perquè després vindran els músics. I ha encès la llar de foc que hi ha al fons, al centre del menjador, per fer-nos el sopar.

Fins ara havíem fet dinars o sopars en família, a la Llitera. Teníem ja oblidada la condició de clients. Una carretera ho canvia tot. Penso que a la vall de l'altre costat hi ha la Dori, la noia del cafè Benedicto que voldria estudiar Ciències, però... Passen bastants cotxes per aquesta carretera que va de Lleida a Viella. N'hi ha que s'aturen a posar benzina, o a sopar al parador. D'altres demanen un entrepà d'urgència, o un cafè. Entren al bar neguitosos, els gestos aspres, la veu excitada. Des d'un racó, ens mirem una mica encongits, una mica desentrenats, què vol dir una carretera.

13
CAMPORRELLS I VALLDELLOU

El plàtan d'ombra de Camporrells

Matí de diumenge, assolellat i ple de sorolls: els cotxes que passen o s'aturen a la gasolinera, la gent que entra al cafè i parla amb energia, una ràdio, l'esbufec de la cafetera, algú que arrossega cadires al menjador.

Quan sortim del parador, un home que ha aparcat el cotxe se'm queda mirant. Aviat se m'acosta i em fa saber que ha llegit *A peu per la Terra Alta*, i que ha anat a la Fatarella i ha parlat amb els de la Fonda Rius, i li han ensenyat el lloc on jo explico que assaja la banda... La Fonda Rius... si avui la trobés per aquí! Perquè, ho anuncio al desconegut automobilista, ni al poble següent, Camporrells, ni a l'altre, Valldellou, ni al que ja està molt lluny, Castellonroi, és possible trobar-hi una fonda, segons m'han dit.

«I què faran?» «Oh, nosaltres no hem de fer res, anant a peu, o gairebé res. Només caminar. I ja passarà el que hagi de passar, no li sembla?» L'home és simpàtic, diu: «Ja ho llegiré, el que li passarà avui», i somriu. Li torno el somriure: «Jo encara no ho sé...»

Deixem el parador i la gasolinera, ens allunyem de la carretera més transitada i agafem l'altra que conflueix en aquest punt, la que de fet és l'única comunicació per a dos pobles de l'Alta Llitera, Camporrells i Valldellou. Diem adéu a Seganta, i al cap d'una estona de caminar deixem enrere aquesta punta de Ribagorça on hem dormit i retornem a la Llitera, que en aquest indret s'hi entra pel baix del Molar, que és un pas entre muntanyes.

Al lluny veig dos homes, aturats al marge de la carretera. No s'han mogut ni un pam quan arribem al seu costat. Sembla que s'han trobat aquí, que és diumenge i que no tenen pressa. Saludem i ens aturem. Sí, ja ho tenen tot fet. «Vostès van per feina», diu un. «I pensen arribar molt lluny?». Explico que ens agradaria plegar a primera hora de la tarda, però això vol dir trobar un poble amb fonda, i això està molt malament. Un dels homes salta, potser ofès: «Fonda? Si n'hi ha per tot!» Intento explicar-li que fa uns quants dies que voltem per la Llitera i que això de per tot... Però ho deixo, és el moment de concretar, o ell se'n convencerà o jo en trauré una informació útil: «Per tot, diu... Que hi ha fonda, a Camporrells?». «No, aquí a Camporrells hi ha un balneari...» «Que està tancat». «Sí, diuen que està tancat». «Que hi ha fonda, a Valldellou?» «No...» «I a Castellonroi?» L'home mou el cap, potser n'hi ha i no m'ho vol dir, pesat d'excursionista!, que vagi amb cotxe i no emprenyi. A Lleida trobarà els hotels que vulgui, i dels bons, però si vol anar de pobre...

El poble de Camporrells es veu bastant voltat de verd, un verd que no és de secà, sinó de terra humida. La verdor contrasta amb el color rogenc dels camps, i Coromines relaciona el nom del poble amb *Camps borrells*, camps de roselles, però qui sap si no és el mateix camps vermellosos...

Tot just entrar a Camporrells es descobreix un gran plàtan, al punt de l'encreuament de la carretera amb el ramal que va a Estopanyà, el poble que s'ha fet popular perquè hi va néixer la Maria Pau Huguet, la presentadora de TV3, que tothom troba tan simpàtica i que penso que és molt intel·ligent. I com que aquí, a Camporrells, hi va néixer Manuel Campo Vidal, que és una figura prou coneguda de TVE i també com a persona molt agradable, es veu que en aquest racó geogràfic i lingüístic es donen unes condicions especials. Diuen que Campo Vidal hi ve cada any, a Camporrells, per la festa major, i hi balla el ball dels *totxets*, que és de la família dels balls de bastons. Com a periodista, Manuel Campo s'ha preocupat molt per la cultura popular no tan sols al seu poble sinó a la Llitera en general. D'altra banda, en el pròleg ja he citat les seves opinions sobre la llengua de la comarca.

Aquest gran plàtan, al peu de la carretera, i a l'entrada d'un carrer que deu ser l'eix principal del poble, fa com un punt de parada. És on es pot auscultar el batec de Camporrells. Hi ha un pedrís, i quan ens hi atansem hi seuen tres homes. Ens instal·lem prop d'ells, i sembla que passi cada dia, això que baixin de Seganta uns caminadors tan poc equipats, i s'aturin a l'ombra de l'arbre, i en comptes de dur-se la tenda preguntin per fondes. I pels balls dels totxets i pels palitrocs, i per les albades i les pastorades.

La conversa es tranquil·la, s'anima i s'atura a estones, fins que compareix un home que té més aire i més vestit de ciutat i parla andalús. Estàvem parlant de la dificultat de dormir per a un foraster i un home gran s'oferia: «Mirin, si haguessin arribat ahir, encara que el balneari estava tancat, s'hi haurien pogut quedar, a Camporrells. A casa meva!». Li pregunto com es diu, fa un gest com volent dir és igual però al final: «Ca la Pauleta». L'home del seu costat m'ho concreta: «Miquel, es diu». Li dono les gràcies per l'oferiment. «Potser haurien estat millor a casa de la meva veïna, ara em sembla que només hi té el metge, però si no, jo».

L'andalús reclama la meva atenció, i alçant les celles amb lleugera impertinència diu: «A l'hora de la veritat, aquesta gent no donen res». El que em molesta més és la referència a *aquesta gent*. Ell, passant les vacances, suposo, en aquest poble, compartint l'ombra del plàtan, estant vinculat probablement a alguna família d'aquí, no ha aconseguit sentir-se'n solidari. Són «aquesta gent»... Però algú m'ha ofert la seva casa, no?

Li pregunto d'on és, i em diu que de Huelva. Com que jo sóc de Barcelona es veu que hem de fer un pont d'altivesa per damunt d'aquesta gent, però no trobarà la meva complicitat. No li ric pas la broma del Tomasó. «Aquí hay, sabusté, un hombre que le llaman Tomasó, y yo siempre le digo "dónde vas?, voy a tomá el só, tomasó!...» i ho repeteix, i segur que es passa l'estiu dient-ho, i com és que la gent no s'aixeca, no hi ha una altra ombra que pugui ser agradable, a Camporrells?

M'irrita que pugui aprofitar la presència d'un foraster, que encara que vagi tan tronat porta ulleres, i és d'una gran ciutat, i deu ser culte, per esbravar el que pensa de la gent i la llengua d'aquest poble on s'està. «Aquí hablan de una manera que no se entiende ni Dios, ¿sabe cómo le dicen a un pan grande?, pues le dicen un reparat, ya ve usted, un reparat. ¿Lo sabía?» «No, però està bé, jo penso que...» L'atac continua: «¿Y sabe cómo le dicen a la zorra?» És capaç de no entendre que li puguin dir guineu... «Guineu», dic. «No, no», s'anima. «Guilla», doncs. «No, no». Es pensa que ha triomfat: «aquí a la zorra le dicen ayamonte», i em mira com demanant-me un vot per la sentència: «són uns desgraciats». Però jo em rebel·lo davant la prepotència i dic amb rotunditat: «És impossible.» «Le aseguro que sí». «És impossible que la gent del país digui ayamonte. Vostès què diuen...» pregunto als homes, que segurament no s'esperaven que el foraster es plantés davant del de Huelva. El de Huelva no deixa passar un segon: «Pues he visto escrito ayamonte en un documento que guardan en el ayuntamiento...» «És possible, algun funcionari de llengua castellana... ja sap vostè la castellanització oficial que han experimentat aquests pobles, oi? Però és fàcil adonar-se que *aquesta gent* a la guineu no li diuen ayamonte, ayamonte no correspon a la llengua del país...»

El balneari

Mentre ho discutíem ha arribat un noi jove, que es queda molt parat quan m'identifica. El senyor de Huelva també es queda molt parat de veure que el noi m'ha identificat, mentre ell estava parlant amb un foraster que no sabia qui era.

El noi es presenta, es diu Josep Guillén. Treballava a Barcelona, però la crisi laboral l'ha fet canviar de vida. Ara ha tornat al poble, hi té una botiga i cria conills. Si volem acostar-nos al balneari...

Aviat hi som, Camporrells és petit. A primera vista em sembla una casa d'estiueig, no gaire ampla de façana, però hi ha una vegetació desordenada que tapa molt. Entrem en el petit jardí del davant. La porta de l'edifici està tancada. «Pot ser que hi siguin», avisa en Josep. Truca. «Pot ser que no ens sentin, pot ser que sí i que no vulguin obrir...» Em sento una mica incòmode, com si de cop estés somniant una pel·lícula de misteri en un assolellat matí de diumenge. En Josep ens diu que el seguim, avancem pel jardí cap a la façana lateral de la casa. És més gran que no sembla, diuen que té o tenia disset habitacions. Per una finestra puc veure un tros de galeria, galeria de balneari, i alguns mobles vells. Cap senyal de vida. Sembla que els propietaris actuals tenen més de vuitanta anys, ell és un antic brigada de la Guàrdia Civil que es va casar amb la noia de la família. Ja fa anys, que no funciona. Però els llibres acabats d'editar continuen parlant del balneari de Camporrells com si fos obert i de les seves aigües sulfatades, calcàries, nitrogenades, sulfhídriques... Diuen: el balneari ha convertit Camporrells en un centre d'estiueig... Treiem la pols d'un vidre per veure una mica millor una dependència abandonada que potser era un bany.

—Tot això s'ensorrarà qualsevol dia —comento a l'amic que ens acompanya. —Llàstima.

—Jo hi parlo de tant en tant, es pot dir que no tenen amics, però amb mi sí, que hi ha una relació. Mira, ja els hi han volgut comprar, ja, aquest balneari. Em sembla que l'última oferta la va fer un consorci de metges. Però no volen vendre. No tenen fills. Si no m'equivoco, només tenen un nebot a Madrid i un altre a Islàndia.

—A Islàndia!

Els arbusts i les herbes gairebé no deixen pas per aquest jardí. En Josep torna a trucar, abans d'anarnos-en. «A vegades estan en un racó i no senten res», diu. Penso en la pel·lícula: o han descobert, espiant-nos per alguna escletxa, que el seu amic ha comparegut avui amb desconeguts.

Fem una volta pel poble, i en Josep Guillén, que ha escoltat el que deia el senyor de Huelva sota el plàtan, ens avisa que hi ha una tensió soterrada entre alguns aragonesistes i alguns catalanistes, per dir-ho així. És possible i a més natural. El que s'ha d'evitar és que les tensions les alimentin alguns forasters amb massa protagonisme.

Passem per davant de l'església, que és del segle XVIII, i potser perquè és festa els carrers que la volten estan deserts i silenciosos. Per això se senten clarament les passes d'algú que s'acosta, és un dels homes que hi havia a l'ombra del plàtan. Em buscava pel poble, porta un paquet embolicat que em vol ensenyar. Perfectament protegits per un full de diari, apareixen dos llibres, l'un sobre Vallverd i l'altre sobre Roda, dos llibres d'evocació històrica. El primer està dedicat per l'autor, que és un capellà, a aquest home que ara ha corregut a mostrar-me'ls, Vicente Palomero. Els fullejo, amb el degut respecte, i els torno a les mans de Vicente, que els torna a embolicar atentament amb el diari i diu: «Això és de museu».

Aviat tornem a ser al peu de la carretera. Els homes d'abans encara hi són. Ens pregunten què ens ha semblat el balneari, amb un punt de sarcasme o d'irritació, perquè es queixen dels amos que el tenen tancat.

—Sí —diu en Vicente— jo també penso que amb el balneari obert Camporrells guanyaria molt, i tant, però siguem clars: si no progressem, la meitat de la culpa és nostra.

Estan d'acord que hi ha poca iniciativa. Que amb l'aigua que hi ha, a Camporrells, Mare de Déu!... S'hi podrien fer xalets, per exemple.

L'ombra del plàtan és bona perquè voli la fantasia.

Però nosaltres no ens hi podem quedar, hem de tornar al camí.

—D'aquí a Londres no trobaran un paratge més verd —diu absurdament un vellet.

Pel barranc del Molí del Pubill

A la sortida de Camporrells el camí baixa una mica. A la dreta hi ha una muntanya punxaguda, la dels Sants Màrtirs, amb una ermita al cim. A l'esquerra s'alça una serra alterosa i compacta, la Volteria, que per la proximitat encara fa més impressió.

La carretera segueix un barranc, el barranc del Molí del Pubill, i més avall les parets de muntanya s'ajunten fins a formar un congost, tan estret, en un punt, que cal continuar passant-lo per un túnel. El barranc és una llenca de verdor entre les roques.

No trobem ningú, no veiem cap cotxe. Si la Llitera ja és bastant aïllada, aquesta carretera és marginal dins la comarca, i ni el diumenge ho canvia. Ara comencem a pujar, entre pins. El barranc del Molí del Pubill guanya amplada i es fa espectacular, amb roques erosionades, escletxes laterals, espadats profunds, i com que la carretera avança enlairada la perspectiva és molt àmplia.

Ens aturem un moment, «és fantàstic, això», «mira allà baix», l'aigua corre molt per dessota d'on som, pel fons del barranc, i sembla que recullen l'aigua, o una part, per una gran tuberia que se'n va per un barranc secundari que s'obre en un dels costats.

Encara pugem més, el barranc s'eixampla, l'aire agafa el batec del migdia, no és pas la incerta glòria d'un abril sinó la plenitud d'un hora d'agost. Un agost que ens inunda la cara quan arribem al coll, i ens enlluerna uns instants, fins que tornem a veure els perfils concrets de les alzines i les oliveres.

La baixada és ràpida, les muntanyes s'aparten i tenim la vall al davant. I al mig, en un turó, Valldellou. Un poble que es veu apinyat i esglaonat, i miro el joc de les teulades, allà baix, i em semblen més senceres que en altres pobles. Separat, el cementiri.

Continuem baixant i acostant-nos-hi, i de cop sentim música. Música que ve d'allà, del poble. Segurament d'unes instal·lacions que hi ha al peu del poble, perquè s'hi veu gent. Potser alguna festa. Ah, hi ha una piscina. La música arriba de lluny, però ben clara: *Corazón de melón, de melón, melón, melón...*

Al cap d'un quart d'hora entrem al poble, agafem un carrer curt, que puja, i ens trobem amb un mirador. Hi ha tres dones que observen les piscines, allà baix, des d'aquí es veuen molt bé.

—Però què fa en Carlos, s'hi tira o no s'hi tira...

—Que no és aquell que s'hi acaba de llançar?

—No, mita'l, és aquell que ara es treu les sabatilles... O no se les treu?

Veig, més amunt del carrer, altra gent que també s'ho mira.

—Té èxit, la piscina —dic.

—Avui l'estrenem! Ara mateix, ja ho veu. Encara hi falten arbres i coses, però avui l'estrenem.

Dame un beso, ay pero dame dame un beso... La música s'escampa per tot arreu. M'ha costat entendre-ho, però el *dame un beso* surt dels altaveus del campanar de la parròquia.

Valldellou

Llegeixo una placa de carrer amb un nom que he trobat a tots els pobles de la Llitera: carrer de la Balsa. Preguntem on podrem dinar. No, fonda o restaurant no n'hi ha. Hi ha el bar. Ah, hi ha un bar. És un cafè nou, modern, no n'hem vist cap com aquest, fins ara, voltant per la Llitera. Sense estil, només l'estil de cafè gran, nou o renovat, amb una terrassa que dóna sobre la vall, una vista excel·lent sobre el paisatge de ponent.

Hi ha una barra circular, central, i un home al darrera.

—Bon dia, ¿ens podran fer alguna cosa per dinar?

L'home es gira, lentament, mira sense gaire interès, continua remenant ampolles.

—No en fem aquí, de dinars.

—M'han dit que si volia menjar...

Potser si concreto, més modestament, l'home ho entendrà millor:

—Miri, si no fan dinars, bé deuen preparar alguna cosa, un bikini... —Silenci. —Un sandvitx.

Res. Ni un sandvitx. El cafè és molt gran, realment. És la una del migdia, hi ha algunes parelles joves, a la terrassa, coca-coles, tòniques. És molt més senzill, servir begudes. No s'ha de fer res, només destapar. Caixa, cobri.

—Què fem? —dic a la Isabel, perquè se'ns està encomanant la passivitat ambiental.

Si al cafè no es pot menjar res, preparem-nos el sandvitx pel nostre compte. Així voltem per Valldellou, que sembla un poble ordenat, que fins i tot es cuida una mica de ser pintoresc o típic, i que té tres carrers oportunament batejats amb els noms de Arriba, del Medio i de Abajo.

Trobem el forn, modest, però amb una noia de bona voluntat, perquè ens diu que el pa és d'ahir i si hi volem que ens posi tomàquet, perquè passi millor. Gràcies. Carrer enllà hi ha una carnisseria i hi comprem un fuet. Són les solucions d'urgència que Valldellou ens ofereix per al vulgar problema d'haver de menjar. Amb el pa i el fuet anem cap a una mena de plaça-mirador, al costat del cafè. Seiem en un pedrís, on hi ha tres o quatre homes que esperen l'hora de seure a la seva taula. Per nosaltres ja ha arribat l'hora del pedrís i la queixalada.

Al cap d'una estona dic a l'home del meu costat que m'estranya que en aquest cafè no facin menjar. Diu que ell no ho sap, si en fan o no en fan. És una resposta impensable en un altre poble de la comarca. La gent sap les coses, què ha de saber, si no? ¿No hi entren aquests homes en el cafè del poble, no se'n parla, és com si fos per a forasters? Potser és una mania, però és la sensació que tinc. Que el poble i aquest cafè no acaben de lligar.

Pregunto si hi ha vida, a Valldellou. Em diuen que el que hi ha és caça. Aquí hi vénen molts caçadors, colles.

—Caram, els caçadors són gent de gana —dic— i si el cafè no...

—Al cafè, res —assegura ara l'home.

Deu ser que el cafeter és mandrós, que també hi té dret. Quan en tenim prou de pa amb fuet pensem que un cafè ens animaria. Som-hi. Home, un gelat sí! Gelat i cafè, doncs.

Alguna cosa passa, en aquest local. ¿És el fet de ser tan espaiós, i estrictament funcional? ¿És que no s'hi veu cap vell del poble? ¿És que avui, com que és diumenge, hi ha més joves, o s'imposen els qui són aquí de vacances, aquests primers dies d'agost? Alguna cosa sobra, o alguna cosa falta, perquè aquí hi hagi l'ambient que fins ara hem trobat a tots els pobles de la Llitera. Potser no estàvem preparats, després de baixar pel barranc del Molí del Pubill, per trobar-nos un disseny estàndard de diumenge.

En una dependència una mica aïllada, uns quants homes miren la televisió. Són les dues de la tarda i es transmet la cursa de motos del Gran Premi d'Anglaterra. Hi participa Sito Pons, que guanya la cursa i es proclama campió del món. L'emissió es fa en català. El fet que la població de la Llitera vegi cada dia la televisió en català té una significació històrica: mai cap mitjà de comunicació massiu havia utilitzat aquí aquesta llengua. Hi ha hagut publicacions diverses —com ara el mensual *Desperta ferro,* que surt a Tamarit i fa una feina de mèrit— però la televisió té una enorme importància popular: demostra als lliterans que la seva llengua, sovint menystinguda, presentada com un localisme pintoresc, al costat d'un castellà que és l'única llengua útil, seriosa i de futur, demostra que aquesta llengua lliterana i folkloritzada és la mateixa llengua —si no, com l'entendrien?— amb la qual les més modernes emissores de televisió s'adrecen a milions de persones. I aquesta llengua serveix no tan sols per parlar del joc del palistroc sinó de les motos Honda i Yamaha.

14
CASTELLONROI I EL CAMPELL

Passar la serra

Antonio Castillo, que va ser capellà de Valldellou, recull en un llibre la lletra de un *bello canto, que lleva un sello inconfundible de celestial encanto, que en su armónica elegancia eleva el alma a las regiones suprasensibles: son los saludos de la Aurora tan armónica, viril y religiosamente coreados por un grupo de viejos cantores que llenan las vetustas mansiones baldellonenses de castos amores y santas ilusiones.*

La primera estrofa s'engega així:

Sacudid la coyunda del sueño,
que a voces os llama el glorioso Guzmán
a rezar el rosario a María
de quien siempre ha sido siervo y capellán.
Vamos allá,
que daremos gran gusto a Domingo,
servicio a María, rabia a Satanás.

Nosaltres ens hem de treure del damunt la *coyunda* de la mandra, perquè aquí no ens hi podem quedar i no sabem què ens espera a Castellonroi. D'altra banda, Castellonroi és prou lluny, i caldrà passar la serra del Solà, que vista des d'aquí fa molt de respecte.

Decidim sortir, tot i que encara no són les tres. Des del turó del poble la vall es veu ampla i al mateix temps ben delimitada per muntanyes altes. Si l'etimologia de Valldellou és *Vallis de laude*, és a dir, vall elogiable, tot encaixa. «Vall de llops» i «la vall de l'ou» semblen hipòtesis més superficials. Caminem cap a ponent, allunyant-nos, doncs, de la comarca de la Noguera, que arriba prop d'aquí. Els senyors d'Àger van dominar històricament aquesta vall.

Ara toquen les tres, quan ja es veu des del camí, mirant enrere, tot el poble sencer, amb la mole destacada de la torre-castell, molt alta i massissa, al mig de Valldellou. Les campanades de Valldellou tenen una història curiosa. És tradicional que quan hi ha un casament, en acabar l'àpat, unes noies —les mairaleses— passegin una imatge de la Verge i els convidats deixin a la safata unes monedes. Després de la recapta les noies van a l'església i toquen tantes campanades com rals s'han recollit a la safata. La gent del poble ho deixa tot per comptar les campanades... Un casament de cinquanta campanades i un de dues-centes no és pas el mateix. A toc de campana es disparen las xafarderies.

Si les tres campanades que acaben de tocar van per nosaltres, realment hem gastat poc a Valldellou, però no pas per gasiveria, prou que ens hauria agradat poder fer un bon dinar i omplir una safata de rals. Però potser hauria estat un error, tenir ara la panxa plena. El camí és llarg, i desnivellat, i fa calor. És prudent sortir aviat i anar lleugers.

La pujada es fa dura, es va convertint en una ascensió al coll. Comencen els revolts per anar guanyant altura en la serra del Solà. O la de Pinyana? Em sembla que són dues serres que van seguides, i la de Pinyana queda més avall. Al lluny, i al fons de la vall que ha quedat enrere, he vist encara no fa gaire el poble de Valldellou, amb la poderosa torre característica, i el que sens dubte és un pantà, més a llevant encara, ja a la frontera amb Catalunya. Deu ser el pantà de Santa Anna.

El coll és llarg, i el sol massa fort. Sort que la carretera va omplint els marges de pins, i els trams que els arbres fan ombra —no gaire densa, però ombra— sobre l'asfalt són suportables. Sec uns minuts en una de les poques fites quilomètriques que hi ha, el Km. 12. De tant en tant un glop d'aire fresc, inesperat, empeny l'ànim, com si fos una vela.

Quan s'arriba a dalt de tot, i costa d'arribar-hi, quina sensació de soledat, augmentada segurament perquè un es queda quiet, uns instants. Durant la pujada t'acompanya el propi esforç. Quan t'atures davant un paisatge extens compareix el silenci. Des d'aquí dalt es veu tot el muntanyam que s'allarga cap a llevant; un seguit d'ondulacions que van davant nostre, i per on el camí ha de seguir. I al fons del fons una serralada llarga com l'horitzó, que deu ser el límit de l'Alta Llitera. A l'altre costat deu haver-hi Tamarit, i el cotxe aparcat en un carreró. Ho he pensat sense pensar-ho, per dir-ho així. El pas de muntanya on sóc és prou elevat perquè se m'hagi fet present la imatge del viatge circular. Hi ha panorames que posen un mapa al cap.

Vicis del cafè i virtuts de l'aigua

Dalt d'una de les ondulacions allunyades de la vall em sembla veure un poble, que hauria de ser Castellonroi. Bastants quilòmetres, però més que res baixades. Després d'una última mirada general començo el descens, i el primer quilòmetre passa aviat. Ho sé perquè al terra de la carretera hi ha aquesta inscripció amb guix: PM 1 Km. Això de PM, explico a la Isabel, vol dir Premi de la Muntanya, és una referència de cursa ciclista.

És una baixada esplèndida, la calor fa vibrar l'aire i al lluny els perfils es fan imprecisos, però els colors del paisatge són càlids i la terra fa olor. Hi ha camps enfangats, també devia ploure fort aquí. Ahir. ¿Ahir és el dia de la tormenta que ens va agafar anant a Baells? ¿Avui hem sortit de Seganta? Hi ha un dia, en un viatge a peu, que tot pot haver passat en qualsevol moment, que es perd la consciència del temps lineal. Tot sembla viscut en una dimensió pura, sense referències concretes.

Hi ha espígol flairós vora el camí. La panoràmica s'obre cap a Catalunya, i Castellonroi no apareix. La planta dels peus comença a carregar-se. No m'esperava que la serra de Pinyana fos aquest gran retaule, aquesta paret tan estirada. Tinc la sensació que això ja no és ben bé l'Alta Llitera, encara que sigui al nord de la serra de la Gessa. Quan pujava per la banda de ponent de la comarca, sí que passada la Gessa —a Sant Esteve, a Sanui— el secà de l'Alta Llitera es feia notar. Ara baixo per la banda de llevant, i el canvi de paisatge em sembla menys exagerat. Com si hi hagués una Llitera Mitjana, en aquest sector.

S'ha de baixar força per veure Castellonroi, adossat en un penyal rogenc. D'aquí deu venir el nom, Castellonroi o vermell. Aleshores es descobreix que és un poble esglaonat i allargat. Arribem a les primeres cases, i avancem fins a trobar un cotxe aturat, al costat del qual hi ha una parella. Parlen amb un noi que sembla del poble, i nosaltres també ens aturem, per preguntar:

—Que em podries dir on és el cafè?

—Cafè, aquí al poble?

—Sí.

—No n'hi ha, de cafè.

Castellonroi sembla més gran i més ben comunicat que d'altres pobles de la Llitera, i com pot ser que no n'hi hagi cap, de cafè. El noi veu la meva estranyesa i diu que al poble no n'hi ha, però que n'hi ha un a baix, a la gasolinera.

—I una font, doncs?

—No hi ha cap font, aquí.

—Que no hi ha cap font, al poble?

Em miro el xicot, en costa de creure'm-el, però no és que vulgui desentendre's de nosaltres pintant-ho tot negre, perquè s'ofereix molt cordialment a portar-nos aigua. Entra en una casa, que deu ser casa seva, i en surt amb una ampolla d'aigua fresquíssima. Bevem molt. Ja hem fet molts quilòmetres, avui, i molts desnivells.

La parella del cotxe fa rotllana amb nosaltres. Són uns parents que han vingut del Baix Cinca, perquè avui hi ha un bateig a la família.

Ens hem acabat l'aigua i ens pregunta si en volem més. Home... Va a buscar una altra ampolla, que evidentment surt d'una nevera. El noi és francament amable, i em sap greu haver-li de discutir l'afirmació que fa per justificar que en aquest poble no hi ha cafè. Diu que a la gent de Castellonroi no li agrada el vici.

Protesto d'això del vici. ¿Què vol dir que anar en un cafè és ser viciós? Engego una frase apasionada, un cafè és un lloc de convivència social, és l'oportunitat que certa gent es comuniqui... L'home del Baix Cinca diu que hi està d'acord. Però el noi troba un altre argument:

—Si obrissin un cafè, li asseguro que no guanyarien diners.

Què puc dir-li? Només insistir que el cafè té un valor comunicatiu, a més de ser un negoci. I aquí la gent què fa, doncs: on es troba?

—Els joves ja van al cafè de la gasolinera, a beure els seus cubates. És igual que sigui apartat del poble, hi van amb les motos.

—Però i els vells? A veure si ens entenem. Al poble no hi ha cafè perquè dius que a la gent d'aquí no li agrada el vici. Però els joves se'n poden anar a prendre cubates a un quilòmetre d'aquí. Escolta, ¿quants habitants té, Castellonroi?

—Suposo que uns cinc-cents...

—Mira, estem passant per tots els pobles de la Llitera, i t'asseguro que n'hi ha de molt més petits on el cafè fa una funció humanitzadora. Els vells s'hi troben, al voltant d'una estufa si fa fred, prenen un cafè o no, un conyac o no, i alguns juguen a cartes i d'altres s'expliquen coses. Què fan, aquí?

El noi ho veu d'una altra manera:

—Si fa bon temps, també hi baixen, a la carretera general.

No tinc dret a ser més impertinent amb un noi que ens atén amb tanta bona voluntat, però penso: I si no en fa, de bon temps? I qui els porta, els vells, al cafè? Perquè una cosa és tenir el cafè al carrer de dalt o de baix, i poguer-s'hi arribar quan vulguis, encara que les cames ja fallin, i anar i tornar quan et sembli, i una altra cosa és haver de demanar que algú et dugui a la carretera. I et reculli. Hi ha gent gran capaç encara, a Castellonroi, de fer aquesta baixada, i després la pujada, cap al poble, però a partir de certa edat, o de certes dificultats físiques, l'esforç no és possible. Només goso dir al noi:

—Això és obligar als vells a una dependència dels altres... quan el que els convé és poder-se valdre pel seu compte.

El noi mou el cap i em diu una cosa que em fa efecte:

—És que aquí la gent és molt especial.

I em fa efecte perquè ja ens ho havien dit en algun poble més amunt: a Castellonroi són molt especials.

—Vostès no ho poden entendre, això —és la conclusió definitiva del noi.

Ha arribat el moment de decidir-se:

—Podrem sopar en algun lloc?

—Sí, a baix, a la gasolinera.

—I dormir?

—No, dormir enlloc.

Enlloc. Si aquest noi tan ben disposat diu enlloc és que enlloc. Malament. Venim de Seganta, hem passat per Camporrells i per Valldellou, pujant i baixant, una bona tirada. Calculo que ja hem fet una vintena de quilòmetres. I a Castellonroi no es pot dormir. Són gairebé les sis de la tarda. Això vol dir que haurem d'intentar arribar al Campell, que són uns dotze quilòmetres més. I al Campell, què? Això ho veurem quan sigui l'hora, ara es tracta de donar les gràcies al noi, desitjar que el bateig sigui una gran festa i continuar, perquè és l'únic que es pot fer.

Los Amics

Avancem pel carrer, sense entretenir-nos gaire. Potser hauríem de demanar per la *casa del sinyó*, que és la casa, diuen, dels llegendaris ducs de Medinaceli, a demanar l'almoina de taula i sostre. No veiem ningú, pel carrer Major, fins que en el punt on s'obre un carreró cobert trobem alguns nois i algunes noies, asseguts en uns graons. Deixen passar la tarda, xerren. Són els que no tenen moto, encara. Els altres, els que la tenen, deuen ser a baix, a la carretera general.

Hi hem d'anar. Tirem avall, trenquem a l'esquerra, després a la dreta i al cap d'un quilòmetre llarg un camí ens porta al damunt d'una gasolinera. Baixem el pendent, ja hi som. Hi ha un edifici gran amb aquest rètol: *Bar Restaurante Los Amics*. Hi ha la gasolinera. Hi ha un frontó.

Entrem al menjador, que és ben bé un establiment de carretera, com el podríem trobar a qualsevol indret. Allò que espera trobar, precisament, l'automobilista que vol fer una parada, però que desconcerta el caminant que s'ha anat impregnant del silenci, de l'espígol, del disseny discret dels marges de pedra i les alzines. És com si de cop ens haguessin segrestat.

Però hem de menjar. El pa amb fuet del migdia, a Valldellou, no ha estat gran cosa, i després hem fet un bon esforç. Seiem, agafem una carta i pensem que un entrepà de truita no aniria malament. Són les sis de la tarda i una noia ens diu que no podrà ser, que la cuina està apagada. No es mostra gaire interessada a proposar alguna alternativa. Em lamento una mica, sense gosar dir que almenys en un cafè de poble t'escolten, i torno a la taula a consultar amb la Isabel si hem de demanar, per força, un altre entrepà fred. La mestressa, o qui sigui, deu haver tret el cap, des de la porta de la cuina, mentre jo intentava convèncer la noia, perquè s'acosta una dona, una dona amable, que s'ofereix per fregir-nos llom en una paella. (La mestressa, o qui sigui, em dirà després: «Oi que vostè és un presentador de televisió?»).

Seiem a l'aire lliure, al darrera del menjador, en un petit cobert que protegeix del sol amb ben aviat una vela ratllada, blanca i groga. Un noi eficaç ens porta una impressionant safata amb llom, escalivada i pa amb tomàquet.

En aquest racó hi ha una dotzena d'homes, la majoria grans. En una taula, quatre juguen a cartes, els altres s'ho miren. Pregunto si són de Castellonroi, i em diuen que sí. Pregunto com hi baixen, des del poble, i l'home que tinc més a prop em contesta tocant-se les cames. Déu n'hi do la pujada i la baixada, però aquests homes encara es defensen, no són pas els vells del poble.

Ens acabem el llom i com que no ens podem quedar aquí no ens entretinguem més. Fins al Campell hi ha una bona tirada, potser tres hores. Un del homes ens diu que si al cap de tres quilòmetres de recta d'aquesta carretera agafem un camí, a l'esquerra, podem estalviar-nos un tram. Hem de fixar-nos en un indicador vermell i després una cabana amb la porta oberta.

Abans de marxar demano al restaurant que em deixin telefonar al Campell, per parlar amb la fonda, si és que hi ha fonda. N'hi ha, i em donen el número de telèfon. Parlo amb una senyora i em diu que no tenen cap habitació lliure. «Escolti, que vindrem caminant des de Castellonroi, i ja hem sortit aquest matí de Seganta, ja sap on és Seganta...» Que ho entén, però que no. Li demano alguna solució, i em dóna un telèfon per si una senyora del Campell en té, d'habitació. Truco immediatament. No contesta.

Mentrestant, pago el berenar. Al taulell, prop del telèfon, tenen diversos clauers, i un de ben sorprenent. És la cara de Franco, els símbols corresponents i aquesta llegenda: *Franco una historia. España una nación.*

El 42 12 90 continua sense contestar. No podem perdre més temps. Després d'una última trucada negativa ens carreguem les motxilles i sortim a la carretera. Endavant, que no ha estat res.

Continuar fins al Campell

És un quart de vuit del vespre. La carretera és la bàsica de la Llitera, encara que hi passa una mica de transcantó. És la que havíem vist a Natjà, la que va de Lleida a la Vall d'Aran, i ara hi ha circulació. És diumenge i l'hora que tornen bastants cotxes. La recta és implacable, llarguíssima. El nostre ritme seria francament ràpid si no fos que de tant en tant hi ha algun canyissar, un pontet o qualsevol obstacle que talla el marge pel qual avancem, i hem de vigilar quan posem els peus a l'asfalt. Els cotxes passen fregant, i a vegades és més prudent aturar-se, i esperar.

Hem fet tres quilòmetres i no identifiquem els indicadors vermells que ens havien dit a *Los Amics*. No hi ha cap rètol vermell, tampoc cap cabana amb la porta oberta. Caminem un quilòmetre més, i tampoc. Sí, una cabana sí que hi és, però si no hi ha l'indicador... I com ha de ser aquest indicador? I per què estava tan segur, l'home que ens ho ha dit, que la cabana tindria la porta oberta, no es podia haver tancat abans que hi passéssim nosaltres? Tot plegat són bestieses, maneres d'ajudar a passar quilòmetres, quan un ja està convençut que no hi ha drecera viable i sap que cal arribar a l'encreuament —quants quilòmetres, encara?—i aleshores a l'esquerra, una altra llarga recta fins al Campell, fent un angle inútil.

Però arriba un moment que la resignació ens sembla excessiva, la recta també, la volta que farem també, i en canvi el dia ja massa curt, i quan veiem una altra cabana a l'esquerra, encara que no hi hagi a prop cap indicador vermell deixem la carretera i saltem al camí que hi duu. Tornem a trepitjar terra, en sentim l'olor, ja no és l'automatisme de la recta plana, el camí puja i es cargola, planeja, puja més... Ens sentim més animats i finalment arribem a la carena.

D'aquí dalt es veu la plana, l'extensa plana per on avança la carretera que hauríem hagut d'agafar si arribàvem a l'encreuament. Hem guanyat temps, que era el més important quan la llum se'n va. El paisatge és extraordinari, en aquesta hora. La superfície dels inacabables camps de blat segat, un rosa pàl·lid cap a una banda, l'enlluernament a l'altra, perquè caminem contra el sol, un sol molt baix, que va a la posta. Al lluny es veu un campanar. De tant en tant un arbre es retalla contra el sol, efecte escandalosament escenogràfic, de final de pel·lícula.

El Campell va agafant relleu de mica en mica. Ja és més visible la carretera que s'acosta travessant la plana, que coincidirà amb el nostre camí a l'entrada del poble. Als afores veig diversos magatzems, amb rètols comercials que fan pensar en una població activa. El camí es transforma en el primer carrer del Campell, i el seguim fins a trobar un bar. Preguntem per la fonda, per un lloc on es pugui dormir.

—Vagin al Fayon.

Hi anem. Ja es fa de nit, però és a prop, i es veu que tothom el coneix, el Fayon.

És un local gran, de sostre alt. A la dreta un taulell llarg, i al darrera una noia que duu el cabell ros. Quan ens veu amb les motxilles em diu:

—Vostè és qui ha telefonat?

—Exacte, des de la gasolinera de Castellonroi...

—No tenim res, no...

—I què hem de fer?

—Trucaré a una senyora, que potser tingui alguna habitació...

Es fica bar endins. Mentrestant veiem que hi ha un menjador, més enllà, amb un televisor engegat. La dona torna i ens explica que la senyora a qui ha telefonat no hi és, que ha anat a casament. Encara ho veig tot menys clar quan la fondista fa saber:

—Si només és una nit, sí.

O sigui que sí, que hi ha habitació, aquí. Una nit, és clar. Demà continuem el viatge.

—Jo vaig a preparar-ho, si ara volen sopar...

Perfecte. Fa dotze hores que ens hem posat a caminar, avui, i finalment hem trobat un final d'etapa. Una mica més i arribem a Tamarit, que és el final definitiu del viatge, el punt de sortida i tornada.

El sopar és bo, al Fayon, i el pa boníssim. A tot arreu hem menjat bé, a la Llitera, quan hem trobat una taula.

Sortim, de nit, a voltar pel poble. Un parell de bars oberts, amb gent. A la carretera que travessa El Campell hi ha una plaça, i en una mena de banc mitja dotzena d'homes, com és de llei. Que conversen amb calma, i no donen cap importància al fet que arribin dos forasters. Uns forasters que procuren escoltar més que parlar, però que també han d'explicar una mica què han fet, avui, d'on venen, perquè l'intercanvi d'informació és la tarifa de la convivència.

Dic que El Campell ens sembla més viu que els altres pobles que hem conegut. A Tamarit mateix, que és la capital, no hi ha fonda. Potser això de dir capital no ha estat gaire encertat, però aquests homes del Campell són educats i amables. I poc optimistes, perquè creuen que la Llitera es va despoblant i que això no ho atura ningú. Cada any hi ha gent que marxa. Sí, ara hem vist gent, als bars, són els que tornen a l'estiu.

Deuen tenir raó, perquè abans d'anar a dormir he fullejat, al bar del Fayon, *El Semanal*, publicació independent de la Llitera, i hi he vist aquest anunci: «Se necesitan cocineros con experiencia para restaurante en provincia de Barcelona». Venen a buscar la gent aquí. Una barretada per als qui encara resisteixen.

15
FINAL DE VIATGE

Badar, moment de festa

Em desperta una veu que em sembla estranya, i aviat m'adono que l'estranyesa no és perquè jo encara estigui adormit, o somniant. És una veu que ressona, que vibra fondament, que surt d'un altaveu: *Lo qui vulga comprar...*

Hi ha mercat, avui? És potser la camioneta d'un venedor ambulant?

Esmorzo una coca de primera, flonja, del dia per no dir del minut. Avui no hi ha pressa, només hem d'anar fins a Tamarit, i no vull ni saber quants quilòmetres hi ha, tant és quatre, com cinc, com sis. La coca, el cafè, la pipa i fer un tomb de badoc. Entro a la botiga, a comprar un diari i com que també venen tabac miro si en tenen de pipa. Només picadura, la barrejaré amb l'altre. Em fa gràcia que la dona que m'allarga el paquet en diu la *pastilla,* algú ho deia fa molts anys, una pastilla de tabac. Quan veu que compro un diari i una pastilla, vol aprofitar-me més com a client i em sotmet a una acció que fins a avui no he vist mai: la venda de revistes. Em fa l'article, que diuen, em fa la venda de les revistes que té. «Miri, aquesta està molt bé, si li interessa el que passa, vegi, en tinc de molt diferents...»

Davant la fonda hi ha unes parades de roba. No

bada gaire gent, però jo m'ho miro tot —calçotets, tovalloles, bates— encara que no m'hagi de comprar res, i qui sap, i... *Sinyor*! em crida una dona, que s'ha pensat que jo era el venedor de la parada, i quan veu la meva cara d'estranyesa es gira i demana: *...o qui é?* Quan et poden confondre amb un venedor del mercat del dilluns, a qualsevol poble, vol dir que no estàs gaire lluny de les coses del país.

Passegem pel Campell, poble que es va independitzar de Tamarit l'any 1831, i que sembla més construït, més ben estructurat que d'altres. Després de voltar per l'Alta Llitera sobta de trobar aquí una botiga especialitzada, amb un rètol que diu peix-verdures. És clar que el Campell no és un poble qualsevol, aquí hi va haver un intent de col·lectivisme agrari.

L'església és a poques passes de la fonda. Quan hi volem entrar ens adonem que un home està tancant la porta. Hi correm! Ens diu, no sé si és el capellà, que abans de la guerra sí que valia, aquesta església. Mare de Déu, el retaule que hi havia ara valdria tres-cents milions. Veig flors, a l'altar. Sí, encara hi ha flors del casament d'ahir. És clar, el casament on va anar la dona que lloga habitacions, i que no vam trobar.

—Saben?, en un poble on dues terceres parts de la gent té més de seixanta anys, un casament és un esdeveniment. I a més, es van casar dos d'aquí, dos del poble.

A terra, als graons de davant de la porta, a més d'arròs hi ha llenties, galets, pasta de sopa.

La volta de la roda

Hem de deixar El Campell. Carretera avall, però encara dins el poble, un home que s'estava ahir a la plaça, un dels que feien conversa, ens reconeix i ens empaita per saber si hem vist les piscines. Està realment preocupat per si les hem vist. És normal que costi d'entendre que si hem vingut a caminar per la Llitera no és per veure piscines, però nosaltres sí que hem de saber el valor que té qualsevol senyal de progrés, que vol dir esperança de supervivència.

Diem adéu a l'últim poble del viatge. El rètol oficial diu Alcampell. He llegit una interpretació fantàstica del nom d'aquest poble: *Parece que su topónimo se deriva del árabe, significando «campo pequeño»*. De quin àrab es deriva? El Campell... Tan difícil és adonar-se'n?

La baixada és còmoda. A la dreta, en una llarga paret que probablement és d'una escola, hi ha dibuixos i inscripcions. Una diu: *Marta i Guillem*. Aquests nens deuen tenir clar que no són àrabs.

Un conill travessa tranquil·lament un camp, a la dreta. La nostra marxa també és tranquil·la, d'aquí a una hora serem a Tamarit.

El paisatge canvia. L'aridesa es va fent progresiva, apareixen uns turons pelats, color de cendra blanquinosa. Si haguessin fet el canal del Campell... Ara això seria arbrat i domèstic, els camps no tindrien aquesta duresa desolada ni em vindria a la imaginació la imatge empolsegada de les tropes d'Ermegol IV, que arribaven a aquests turons ara fa nou-cents anys. Estem passant la serra de la Gessa, la divisòria entre l'Alta Llitera i la Baixa Llitera. Vam travessar-la cap amunt per Sant Esteve de Llitera, ara la travessem cap avall entre El Campell i Tamarit. La carretera busca un pas sense haver d'enfilar-se, ni haver de baixar molt. Més que una serra, la Gessa és, en bastants punts, com un graó, un replà.

El sol és fort, o ho sembla més, en aquest paisatge despullat, aspre com el guix. Però tot és fàcil, Tamarit és a quatre passes. Les fem amb una mica de recança.

El primer que es veu de Tamarit, de lluny, són els blocs de pisos nous que hi ha a l'entrada del congost.

Demano a la Isabel que em faci una fotografia dins l'últim camp de grans terrossos grisos i rostoll punxegut.

A les portes de Tamarit veig una estranya casa en un turó, mig desfeta, d'un estil fantasiós, raríssim. Un home que em mira badar m'ho explica així:

—Era d'un sinyor important, que es veu que tal com ho imaginava ho fia.

Entro definitivament a Tamarit, Tamarit de Llitera, i ara m'adono que aquests dies me l'imaginava malament. Em sembla més capital que quan hi vaig arribar, fa una setmana. Em va passar una cosa molt semblant amb Gandesa, en acabar el viatge per la Terra Alta. Els ulls i les idees dels forasters s'han d'adaptar a l'escala pròpia de cada comarca, i per això s'ha de viure la comarca en conjunt, a poc a poc, per poder posar, al final, cada peça en el seu lloc.

Avancem pel passeig de l'Hortàs. Fa vuit dies havíem sortit pel capdavall, caminant cap a Albelda, i en aquests moments hi entrem pel capdamunt. Retrobem el monument a Costa, els arbres, el bar Juanet, on hi ha els mateixos homes, exactament els mateixos.

Em vaig a pesar a la farmàcia: vaig sortir amb 69 quilos i arribo amb 68,900, pràcticament igual. Compro un diari, amb la intenció de passar una estona fullejant-lo, tot fent el vermut.

I ve un moment que, assegut a la taula del cafè, mirant el sol i l'ombra dels arbres de l'Hortàs, i algú que passa pel carrer, em veig a mi mateix —les cames estirades, una imprevista mandra d'encendre la pipa— pensant: «ja s'ha acabat?...»

Aquells xops blancs d'Albelda, i els jubilats que parlaven de bruixes, no són gaire lluny. El jugador del Torricó, la plaça de Sant Esteve, la font d'Alins, el «Centenario» de Peralta, els Benedicto de Baells, res no és gaire lluny. Tot és aquí mateix, encara. Podria tornar-hi, el cotxe m'hi portaria ràpidament, l'he retrobat al cap de vuit dies, aparcat, a punt. Tot és a prop, sí, però no puc tornar-hi. No és que no hi hagi camins ja, és que els mateixos camins, ara, porten a un altre lloc, els camins només serveixen per portar a un sol lloc i una sola vegada. El camí no em pot dur a vuit dies enrere.

S'ha acabat, doncs?

Ara només es pot pensar, pensar el que s'ha acabat. Si hi tornés destruiria l'únic que em queda del viatge, el pensament del que he viscut. És una temptació, tornar a un paisatge o a una persona per ganes d'incorporar-la al meu present, una temptació que he d'apartar. L'egoisme del sentiment. El caminant ha de practicar la renúncia. Ho sap i ho fa després de cada passa, però és veritat que l'última passa és la més difícil. És esborrar el camí sencer, i la gent del camí, i esborrar hores d'un mateix.

Però he de reaprendre a veure'm així, les cames estirades, mirant distretament algú que passa, una imprevista mandra d'encendre la pipa, uns minuts que ja sobren. És bo dir-se: s'ha acabat.

Només per a mi. Perquè vaig començar el viatge el dimarts, dia de mercat, i demà, dimarts, hi tornarà a haver mercat en aquest passeig.

La roda de la setmana ha fet una volta, a la Llitera.

ÍNDEX

EDICIONS LA CAMPANA

1. *Identitats-1.* Converses a TV3.
   Josep M. Espinàs.
   3a. ed.

2. *Aprendre a conviure.*
   Josep M. Espinàs.
   5a. edició.

3. *Identitats-2.* Converses a TV3.
   Josep M. Espinàs.

4. *Història de les seves cançons.*
   Lluís Llach.
   4a. edició.

5. *100 pàgines triades per mi-1.*
   J. V. Foix.

6. *100 pàgines triades per mi-2.*
   M. Martí i Pol.

7. *El teu nom és Olga.*
   Josep M. Espinàs.
   16a. edició.

8. *100 pàgines triades per mi-3.*
   Baltasar Porcel.

9. *100 pàgines triades per mi-4.*
   Maria Aurèlia Capmany.

10. *Identitats-3*. Converses a TV3.
Josep M. Espinàs.

11. *Auques i espantalls.*
Miquel Desclot.
Premi Pere Quart d'humor i sàtira 1987.

12. *Catalunya vista per un alemany.*
Til Stegmann.
5a. ed.

13. *Amor y sangre en La Oficina.*
José Martí Gómez.

14. *El petó.*
X. Fauche/Ch. Noetzlin.

15. *El pit al descobert.*
Dominique Gros.

16. *Àlbum de cromos.*
Joan Barril.

17. *100 pàgines triades per mi-5.*
Manuel de Pedrolo.

18. *100 pàgines triades per mi-6.*
Montserrat Roig.

19. *El nen de la plaça Ballot.*
Josep M. Espinàs.
4a. edició.

20. *Un submarí a les estovalles.*
Joan Barril.
Premi Pere Quart d'humor i sàtira 1988.
7a. edició.

21. *505 fets bàsics de Catalunya.*
Josep M. Cadena.
3a. edició.

22. *A peu per la Terra Alta.*
Josep M. Espinàs.
5a. ed.

23. *Temps que passa, Gent que queda.*
Néstor Luján.

24. *Topologia del malparit.*
J. P. Chopin.

25. *Cartes robades.*
Gérard Depardieu.

26. *Poemes satírics.*
Josep Maria de Sagarra.
3a. ed.

27. *Pau Vila. Biografia oral.*
Bru Roura.

28. *El salt de l'àngel.*
Maud Marin.

29. *Famosos i oblidats.*
Jaume Pla.

30. *Bla, bla, bla...*
Ignasi Riera.
Premi Pere Quart d'humor i sàtira 1989.
2a. ed.

31. *T'han enganyat, Immaculada.*
Enric Larreula.
Finalista Premi Pere Quart d'humor i sàtira 1989.
2a. ed.